复制领导力

秦景之 著

上海社会科学院出版社

图书在版编目（CIP）数据

复制领导力 / 秦景之著 . -- 上海：上海社会科学院出版社，2024
 ISBN 978-7-5520-4404-1

Ⅰ.①复… Ⅱ.①秦… Ⅲ.①领导学 Ⅳ.① C933

中国国家版本馆 CIP 数据核字 (2024) 第 110476 号

复制领导力

著　　者：秦景之
责任编辑：蔡倩妮
特邀策划：吕玉萍
封面设计：郭艳鹏
出版发行：上海社会科学院出版社
　　　　　上海顺昌路622号　邮编200025
　　　　　电话总机021-63315947　销售热线021-53063735
　　　　　https://cbs.sass.org.cn　E-mail：sassp@sassp.cn
照　　排：朱　泽
印　　刷：三河市龙大印装有限公司
开　　本：670 毫米 × 960 毫米　1/16
印　　张：15
字　　数：250 千
版　　次：2024 年 6 月第 1 版　2024 年 7 月第 2 次印刷

ISBN 978-7-5520-4404-1/C・233　　　　　　　定价：59.00 元

质量热线：18801057799（冯老师）

版权所有　翻印必究

前 言

在当今快速变化的社会和商业环境中，领导力已经成为个人和组织成功的关键因素。领导力不仅仅是指挥和管理的能力，它更是一种综合体现，涉及艺术的感知、科学的分析和技术的运用。

在笔者看来，领导力既是一门艺术，又是一种科学，更是一种技术。

领导力的艺术性体现在领导者对人的理解、情感的把握以及创造力的运用上。一个优秀的领导者要能够像艺术家一样，通过直觉和感知来理解团队成员的需求和动机，用富有魅力的方式激励和影响他人。他们擅长运用比喻、故事和个人魅力来传达愿景，激发团队的热情和创造力。这种艺术性的领导方式往往能够在无形中塑造团队的文化和价值观，激发团队的潜能。

科学性是领导力的另一个重要维度。它要求领导者具备分析和决策的能力，能够基于数据和事实做出明智的选择。科学的领导力意味着要进行有效的规划、组织、监控和评估。领导者需要掌握资源分配、风险管理和绩效评估等技能，确保团队的目标与企业的战略目标一致。此外，科学的领导力还包括对市场趋势的敏锐洞察和对竞争对手的深入了解，这些都是确保企业长期成功的关键要素。

在现代管理实践中，技术已经成为领导力不可或缺的一部分。技术性质的领导力涉及对各种管理工具和系统的熟练运用。领导者需要掌握这些技术工具来提高工作效率，优化工作流程，以及更好地监控和调整团队的工作进度。同时，随着远程工作和虚拟团队的兴起，技术也成了领导者沟通和协作的重要手段。

总而言之，优秀的领导者需要在情感、知识和实践上不断提升自己，不断探索和创新，才能在竞争激烈的商业环境中脱颖而出，引领团队取得成功。只有将领导力视为艺术、科学和技术的完美结合，才能成为一位卓越的领导者，影响和改变周围的世界。

目 录

Part 01　如何当领导

基层到管理应该具备的能力…………………………………… 2
基层、中层与高层管理者有什么区别…………………………… 8
第一次当领导，应该怎么做……………………………………… 13
新官上任，快速站稳脚跟的技巧………………………………… 22

Part 02　领导者的误区

为什么下属不听你的指挥………………………………………… 30
无效批评导致下属逆反与消极应对……………………………… 33
事必躬亲的人可能不适合当领导………………………………… 37
管理方法太单一，年轻下属不服管……………………………… 41

Part 03　树立威信

"威"从哪来，"信"从哪来 ……………………………………… 47

奖励 + 惩罚，管理的平衡术 …………………………… 52
发完火要做好善后工作 ……………………………………… 57
空降领导岗如何快速建立威信 ……………………………… 61

Part 04　怎么沟通

解读领导金句：话里有话的职场智慧 …………………… 66
领导上台当众发言套路（技巧）…………………………… 70
领导者讲话可少量使用"赘词" …………………………… 74
坚决不搞"一言堂" ………………………………………… 78

Part 05　怎么打造"狼性"团队

"狼王"作为团队的领头者，需要具备哪些素质 ……… 84
如何让团队成员始终有向前奔跑的动力 ………………… 88
狼性团队狠狠抓：4个零、4个查、9个度 ……………… 91
要懂得"分槽养马"与"合槽喂猪" …………………… 108

Part 06　怎么开会

领导开会正确的顺序 ……………………………………… 113
例会是统一团队思想最有效的方式 ……………………… 117

坚持五有、五不、四框架，开好例会……………………… 120
学会这几招，让你开会气场快速提升………………………… 130

Part 07　怎么提升业绩

团队想要业绩好：三会、三不、三急、三不急……… 136
团队提升业绩规划"五步走"………………………………… 145
有益的信息大多来自公司之外………………………………… 151

Part 08　薪酬与制度

薪酬体系设计方案…………………………………………… 156
提成、分红与年终奖的常见错误……………………………… 162
平均并不等于平等，绩效考核追求差异化…………………… 168
别让员工怕你，而是怕制度…………………………………… 170

Part 09　怎么提高凝聚力

团队和团体、群体、团伙的区别……………………………… 174
高效凝聚力的团队符合哪些基本特征………………………… 178
如何盘活散漫没活力的团队…………………………………… 183
心要慈，行动要快，让团队"土壤"健康…………………… 187

Part 10　怎么管理问题下属

做好这几点，让人信服你…………………………………… 191
下属懒，业绩又差的解决办法………………………………… 196
下属思想僵化，造成团队失去活力的解决办法……………… 202
管理"刺头"员工的"5利"模型……………………………… 206

Part 11　怎么招人、用人、留人

招聘人才的标准………………………………………………… 214
选择新人时，这几种人一定不能用…………………………… 217
下属跳槽和离职的原因………………………………………… 221
如何避免培养好的人才跳槽…………………………………… 225

如何当领导 Part 01

基层到管理应该具备的能力

基层员工常有,而管理者却不常有,这两者之间的区别,除了薪酬与职位的区别外,还有能力的差别。

要知道,绝大多数管理者都是从基层做起来的,没有人是天生的管理者。因此,这也为员工提供了一条从基层上升到管理层的通道。

先有管理能力还是先有管理者?这并不是一个"先有鸡还是先有蛋"的问题,因为答案非常明确——先有管理能力。所以,要想成为一名管理者,首先你得能够站在管理者的角度思考问题。

有人会问,从基层到管理,要具备哪些能力呢?

◯ 领导能力

作为一位管理者,你的角色远不止于简单地监督工作流程或完成任务。你需要展现出卓越的领导才能,这包括一系列复杂而关键的能力,如激励团队成员,为他们提供指导,确保团队内部的协调一致,以及在关键时刻做出明智的决策。

你需要通过各种方式激发团队成员的积极性和创造力,让他们能全身心地投入工作中。这涉及设定清晰的目标，认可和奖励优秀表现的员工，并提供成长和发展的机会。

你需要能够为团队成员提供专业和个人成长上的指导，帮助他们克服工作中的障碍，提高他们的技能和效率。这要求你不仅要有深厚的专业知识，还要具备良好的沟通技巧和同理心。

管理者需要确保团队成员之间的合作和谐，资源得到合理分配，工作进度符合预期。这意味着你需要具备解决冲突的能力，以及在团队内部建立有效沟通渠道的智慧。

面对复杂多变的情况，你要能够迅速分析问题，权衡利弊，并做出最佳选择。这不仅要求你有扎实的分析和判断能力，还要求你能承担起相应的责任。

● 沟通能力

这种能力不仅仅是指能够清晰地表达自己的想法和计划，还包括能够倾听并理解他人的观点和反馈。在日常工作中，你需要与不同层级和部门的同事进行交流，这就要求你能够调整自己的沟通方式，以适应不同的听众和情境。

有效的沟通技巧包括使用明确的语言，确保信息的准确传达，同时也意味着要有能力解读非言语信号，如肢体语言和面部表情，这些都能提供沟通过程中的额外信息。在团队管理中，你需要通过开放的沟通来建立信任，鼓励团队成员分享他们的想法和担忧，这样可以增强团队的凝聚力和提高效率。

　　同时，作为管理者，你还需要与上级保持密切的沟通，及时报告工作进展，寻求指导和支持。当然，与其他部门的协调也同样重要，因为跨部门的项目往往需要不同团队之间的紧密合作。在这种情况下，你的沟通技巧将有助于确保所有相关方都对目标和期望有着共同的理解，从而促进项目的顺利进行。

决策能力

　　首先，良好的决策能力意味着你需要具备高效收集和分析信息的能力。这包括从各种渠道获取数据，识别关键信息，以及理解这些信息如何影响你的决策过程。你需要能够迅速地从海量信息中提炼出有价值的洞见，并据此来制定策略。

　　其次，作为管理者，你还需要具备权衡利弊的能力。这意味着你需要能够评估不同选择的优缺点，预测各种决策可能带来的后果，并从中选择最佳的方案。在这个过程中，你可能需要考虑财务、人力资源、市场趋势、客户需求等多方面的因素，确保你的决策能够符合组织的长远利益。

　　此外，做出正确的决策并不总是容易的。有时候，即使是最深思熟虑的决策也可能带来不利的后果。因此，作为管理者，你还需要能够承担决策带来的责任。当决策不如预期时，你需要有敢于担当的勇气，并采取措施来纠正问题或减轻负面影响。

最后，一个优秀的管理者要能够预见到决策可能带来的后果，并为可能出现的风险做好准备。这就要求你在做出决策时，不仅要考虑到当前的环境，还要有前瞻性地思考未来可能发生的变化，以及这些变化如何影响你的决策和组织的发展。

◎ 问题解决能力

这不仅意味着你需要具备敏锐的洞察力去发现、识别问题，还要求你能够运用逻辑思维和分析技巧来深入理解问题的本质。在这个过程中，你需要从多个角度审视问题，收集相关信息，识别关键因素，以便为问题找到一个或多个可行的解决方案。

在找到潜在的解决方案之后，你还需要进一步评估这些方案的可行性、效率以及可能带来的潜在影响。这通常涉及对资源、时间、成本和预期结果的综合考量。你需要制定出一套行之有效的策略，这套策略不仅要能够解决当前的问题，还要能够预防未来可能出现的类似问题。

然而，作为管理者，你的工作并不仅仅是独自解决问题。更重要的是，你需要有能力领导和激励你的团队，让他们成为解决问题过程中的积极参与者。你需要与团队成员进行有效沟通，确保他们理解问题的关键点，明白解决问题的必要性。

你需要培养团队合作精神，鼓励团队成员之间的协作，利用每个人的专长和创意来共同寻找最佳解决方案。通过建立一种支持性和开放的工作环境，鼓励团队成员提出创新的想法，同时也允许他们能够自由地讨论和批判各种解决方案。

最后，作为管理者，你需要确保整个问题解决的过程是透明的，并且每个团队成员都清楚自己的责任和期望。你需要监督解决方案的实施，确保每一步都能够按照计划顺利进行，并且及时调整策略以应对可能出现的新挑战。

◎ 时间管理能力

你需要有能力合理规划自己的工作日程，而且能够高效地利用每一分每一秒，以确保工作任务能够按时、高质量地完成。在这个快节奏的工作环境中，有效的时间管理能力可以帮助你保持冷静，使你即使在压力之下也能做出明智的决策。

你需要识别哪些任务是最重要和最紧急的，这要求你具备出色的判断力和决策能力，以便在众多任务中迅速确定优先级。一旦确定了要优先处理的事务，就需要集中精力和资源，确保这些任务得到迅速而有效的解决。这样不仅能够减少工作中的紧张感，还能确保关键目标得以实现。

同时，你还需要考虑如何合理分配时间给你的团队成员。你需要了解每个成员的工作能力、特长和当前的工作量，以便合理地分配任务，避免某些成员任务过重，同时确保其他成员不会因为缺少任务而闲置。通过合理的时间分配，你可以确保团队的整体工作效率得到提升，每个成员都能在他们最擅长的领域发挥最大的效能。

此外，良好的时间管理能力还包括对会议、培训和其他团队活动的有效规划。这要求你能够预见到可能出现的时间冲突，并提前做好调整，以确保每个活动都能在最佳时间内进行，从而不会影响到正常的工作流程。

◯ 学习能力

在管理岗位上，你所面临的环境和要求是多变的，你必须保持对新知识的敏感和对新技能的追求。随着行业的发展和技术的进步，新的管理理念和工具层出不穷，这就需要不断地更新自己的知识库，以便跟上时代的步伐。

掌握新知识和技能并不仅仅是为了个人的职业发展，更是为了能够更好地适应和引领团队的发展。作为管理者，你需要具备前瞻性思维，能够预见行业趋势，把握团队发展的方向。这些都需要你不断地学习新的管理理论、领导力技巧以及与你的领域相关的专业知识。

学习并不是一个孤立的过程，真正的挑战在于如何将所学的知识和技能转化为实际工作中的成效。你需要将理论知识与实践经验相结合，通过实际操作来验证和完善你的管理策略。这种能力要求你不仅要有扎实的理论基础，还要有灵活运用知识去解决问题的能力。

基层、中层与高层管理者有什么区别

在现代组织架构中,管理者按照职责和职位的不同,通常被划分为基层管理者、中层管理者和高层管理者。这三个层级的管理者在组织中所扮演的角色和所承担的责任各有侧重,形成了组织结构的基础框架。

基层管理者

基层管理者是组织中最接近一线员工的管理层级。他们的主要职责是直接负责执行具体的工作任务,并对员工的日常表现进行监督和管理。基层管理者需要具备较强的执行力,能够确保任务的顺利完成。同时,他们还需要具备出色的团队管理能力,包括协调团队成员的工作,解决团队内部可能出现的问题,以及激励团队成员,提高团队的整体工作效率和士气。

为了胜任基层管理者的角色,适合担任这一职位的人应当具备一系列的能力和素质。首先,他们需要拥有良好的沟通能力,这包括能够清晰地传达信息,有效地倾听团队成员的意见和需求,以及在必要时进行有效的沟通调解;其次,基层管理者还需要具备强大的执行力，这意味着他们不仅要能够制定计划和策略，还要能够确保这些计划和策略得到迅速而准确的执行；最后，团队协作能力也是基层管理者不可或缺的素质之一，他们需要与团队成员建立良好的工作关系，促进团队合作，共同克服工作中的挑战。

角色定位

基层管理者通常负责日常操作管理，如生产线监督、客户服务、团队管理等。他们是组织与一线员工之间的直接联系点，需要确保工作流程符合公司标准和效率要求。

必备能力

一是需要能够有效组织和协调生产线上的员工，确保生产计划的顺利完成。

二是必须能够监督员工的工作，及时发现和解决问题，指导员工提高工作效率和质量。

三是应该具备良好的沟通能力，与员工能进行有效沟通，了解员工的工作状况和要求，并建立良好的工作关系。

四是除了良好的沟通能力、执行力和团队协作能力外，他们还需要具备问题解决能力、冲突处理能力以及掌握一定的技术或业务知识。

综上，基层管理者应该熟知自己管辖范围内员工的工作内容、程序及制度，并能熟练操作，这样才能在员工工作时起到有效的监督和指导作用。

中层管理者

中层管理者处于基层管理者与高层管理者之间的桥梁位置。这一层级的管理者不仅要忠实地执行上级领导的指示和决策，还需要具备将组织的战略目标转化为可操作的行动计划的能力。这意味着他们需要具备战略性思维和实际操作的双重技能。

首先，适合担任中层管理职位的人员，应当是那些具有出色人际沟通能力的人。他们要能够与不同层级的同事进行有效沟通，无论是向上级汇报工作，还是向下级传达指令，都能够做到清晰、准确。此外，他们还应该具备良好的决策能力，能够在复杂多变的工作环境中迅速做出合理的判断，并承担相应的责任。

其次，团队协调能力也是中层管理者不可或缺的素质之一。他们要能够理解各部门的工作流程和需求，能有效地协调各部门之间的合作，确保资源的合理分配和利用，以及工作的高效完成。在推动整体目标实现的过程中，中层管理者还要能够激励团队成员，提升团队的士气和凝聚力，确保每个人都朝着共同的目标努力。

● 角色定位

中层管理者如部门经理、项目负责人等，是执行高层策略的关键力量。他们需要将公司战略转化为具体行动，并监管这些行动的实施情况。

● 必备能力

一是需要能够领导团队，激励员工积极工作，推动部门或项目的发展。

二是应该具备更广泛的视野，能够理解公司的整体战略，并将其转化为具体的行动计划。

三是需要具备一定的决策能力，能够在自己的职责范围内做出有效的决策。

四是应该具备人员管理和人员培养的能力，能够发掘和培养潜在的人才。

综上，中层管理者应具有较强的领导能力、决策制定能力、人际沟通和协调能力，同时需要有良好的组织和规划能力，以及培养和激励下属的能力。

高层管理者

高层管理者在组织中扮演着至关重要的角色，他们不仅需要具备深厚的专业知识，更重要的是，要拥有一种宏观的战略视野。这种视野使他们能够超越日常运营的局限，从更广阔的角度审视市场动态、行业趋势以及内部资源配置，从而制定出符合组织长远利益的发展战略。

首先，在领导能力方面，高层管理者应当具备强大的团队建设和人员激励能力，他们需要能够激发团队成员的潜力，引导团队克服困难，实现目标。这种领导能力不仅体现在对下属的直接管理上，还包括对外部合作伙伴和关键利益相关者的影响力。

其次，决策能力是高层管理者不可或缺的素质之一。面对复杂多变的商业环境和激烈的市场竞争，高层管理者需要能够迅速分析情况，做出明智的判断，并承担相应的责任。他们的决策将直接影响组织的未来走向，因此必须具备高度的洞察力和前瞻性。

再次，跨部门协调能力也是高层管理者的重要技能。组织内部的不同部门往往有着不同的目标和工作重点，高层管理者要能够协调这些差异，确保各部门的工作能够协同一致，共同推动组织的整体发展。

◯ 角色定位

高层管理者如 CEO、总经理、董事会成员等，负责制定组织的长远目标和战略方向。他们的决策会影响整个组织的未来。

● 必备能力

一是必须具备强大的战略规划能力，能够为公司的长远发展制定方向和目标。

二是应该具有深刻的商业洞察力，能够洞察市场趋势，把握商机。

三是需要具备卓越的领导力，能够引领整个组织向着共同的目标前进。

四是应该具备危机管理能力，能够在面对挑战和不确定性时，保持冷静，制定有效的应对策略。

综上，高层管理者需要具有卓越的领导力、远见卓识的商业智慧和战略规划能力。此外，他们要能够处理复杂的经济、人事问题，具备创新能力和风险管理能力。

第一次当领导，应该怎么做

● 保持谦逊，积极学习

作为一名新上任的管理者，面对新的工作环境和挑战，你必须认识到，无论在过去的职业生涯中取得了怎样的成就，积累了多少经验，都不应该成为停止学习和进步的理由。在不断变化的工作环境中，总有新的知识、新的理念和新的管理技巧需要你去掌握和适应。这个不仅适用于新晋管理者，更适用于想要成为管理者的人。

保持一颗谦逊的心是非常重要的，谦逊不仅是一种美德，更是一种智慧，它能够使你放下身段，不以自我为中心，而是以开放的心态去接受和吸纳他人的意见和观点。作为管理者的你应该意识到，团队成员和其他管理者都是宝贵的资源。他们可能在某些领域拥有深厚的专业知识，或者在处理特定问题上有着独特的见解。

通过与团队成员进行深入的交流，你可以了解到他们的专长和经验，从而为自己的工作带来新的启发和帮助。同时，与其他管理者交流，可以学习到不同的领导风格和管理方法，这些对于提升新晋管理者的领导能力和决策水平是极其有益的。

倾听他人，有效沟通

作为一名管理者，你不仅要传达自己的思想和决策，还要积极地倾听团队成员的声音。也就是说，要给予团队成员足够的空间，让他们自由地表达自己的观点和建议，从而打造一个更加开放和包容的工作环境。

主动倾听不仅能够帮助你更好地理解团队的需求和期望，

还能够增强团队成员之间的相互理解和尊重。当团队成员感受到他们的声音被听到并且被重视时，他们更能以饱满的工作热情投入工作中。

开放式的沟通是建立信任的基石，通过鼓励坦率和诚实的对话，你可以与团队成员建立起坚实的信任关系。这种信任是团队合作的基础，有助于减少误解和冲突，同时提高团队的凝聚力和工作效率。

确保信息的透明流通也是有效沟通的一个重要方面，你应该确保所有相关信息都能够及时、准确地传达给每一位团队成员。这样，每个人都能够基于完整而透明的信息做出明智的决策，同时也能够更好地协调彼此的工作，确保团队目标的顺利实现。

◉ 明确目标，制定计划

作为一位管理者，你肩负着指引团队前进方向的重要职责。你需要为团队制定明确的工作目标，这些目标应当是具体、可衡量的，并且能够激励团队成员共同努力。在目标设定之后，接下来的任务便是制定一系列切实可行的计划和策略，这些计划将作为实现目标的蓝图，指导团队的每一步行动。

在目标和计划确立之后，你需要确保每一位团队成员都能够清晰地理解他们在整个团队中的角色定位，以及他们所承担的责任。这包括向团队成员传达他们的职责范围、工作内容以及期望达成的成果。你应当通过有效的沟通，确保每个成员都能够明白自己的工作是如何与团队的整体目标相结合的，以及他们的个人努力是如何对团队的成功产生影响的。

此外，你还应当鼓励团队成员之间的协作，促进团队精神的建设，使每个人都能感受到自己是团队不可或缺的一部分，他们的工作对于实现团队的共同目标至关重要。通过这样的方式，你不仅能够激发团队成员的积极性和创造力，还能够建立起一种团结协作、共同奋斗的良好氛围，从而推动团队向着既定目标稳步前进。

◯ 鼓励团队，激发潜力

为了确保团队成员能够充分发挥各自的才能，你应当采取积极有效的策略来激发团队成员的积极性和创造力。

首先，通过持续提供正面的反馈，有效地鼓励团队成员继续努力，不断提升自己的工作表现。这种正面反馈不仅包括对已完成工作的肯定，也涉及对团队成员在工作过程中展现出的努力和创新的认可。

其次，你应当意识到，认可和赞赏是激励团队成员的重要手段。当团队成员感受到他们的努力被看见并得到赏识时，他们往往会投入更多的热情和精力来达成团队目标。这种认可可以是物质的奖励，也可以是简单的口头表扬，关键在于让每个成员都感受到他们的工作是有价值的。

再次，你还需要营造一种支持性的工作氛围，这有助于激发团队成员的潜力。这样的工作氛围充满信任和尊重，让每个人都能自由地表达自己的意见和创意，而不必担心受到批评或被忽视。在这样的氛围中，团队成员更愿意分享知识，相互协作，共同解决问题。

最后，为了让团队成员觉得自己的工作受到重视，你还应当确保每个人的贡献都被看到并且得到适当的评价。这可能涉及定期的绩效评估，如确保每个成员都有机会展示他们的成果，并且根据他们的表现给予相应的奖励和晋升机会。

◉ 决策果断，承担责任

在组织或团队的发展过程中，管理者经常会遇到需要迅速做出决策的关键时刻。这些决策往往关乎着团队的未来方向和整体利益，因此，你必须具备果断的决策能力。在紧急情况下，你不仅要立即分析形势，还要能够迅速采取行动，以确保团队能够有效地应对挑战，保持前进的动力。

然而，决策的过程并非总是一帆风顺。在做出决策时，你必须考虑到各种可能的后果，并准备好为这些决策承担相应的责任。这意味着，一旦决策被执行，无论结果如何，你都需要站出来，对决策的成败负责。这种责任感是管理者的重要品质之一，它不仅能够赢得团队的信任和尊重，还能够在面对失败时，鼓励团队成员共同面对挑战，寻找解决问题的方法。

在面对挑战时，还需要保持冷静和理智。这要求你在压力之下能够保持镇定，不被情绪所左右，并做出最合理的判断。冷静的头脑有助于你更好地分析问题，制定有效的应对策略，并带领团队走出困境。

在决策过程中难免会犯错，在这种情况下，你要勇于承认错误并从中学习。一个优秀的管理者不会因为错误而逃避责任；相反，他们会主动承认错误，分析错误发生的原因，并采取措施防止同样的错误再次发生。这种勇于承认错误并从中吸取教训的态度，不仅能够帮助管理者个人成长，还能够鼓励团队成员在面对失败时，保持积极的心态，共同寻找改进的方法。

● 公正无私，树立榜样

你需要通过自己的行为和决策，展现出对每个团队中成员的公平，确保每个人都能感受到公正和平等。在实践中，当做决策和处理团队事务时，要始终保持客观和中立，不偏袒任何一方，不论是面对资深员工还是新加入的成员，都应给予相同的尊重和机会。

一旦坚持这一原则，管理者将会树立起一个良好的榜样，这不仅包括工作态度、职业操守，还包括如何与人沟通、解决问题以及如何在压力下保持冷静等正面形象。当你在团队中展现出这些积极的特质时，就能够赢得团队成员的尊重和信任。

此外，管理者的行为会被团队成员密切观察，他们会从你的行为中学习和模仿。因此，你的责任不仅是完成任务，还包括通过自己的言行为团队树立正面的职场文化和价值观。当你始终如一地展现出高标准的职业操守，并公平对待每一位团队成员时，会在无形中培养一种积极、健康的工作环境，这将对团队的长期成功产生深远的影响。

灵活应变，解决问题

当面对新的障碍或机遇时，你不能固守旧有的思维模式和计划，而应该展现出开放的态度，寻找新的方法来解决问题。

灵活性并不是简单地随波逐流，而是在坚持基本原则和目标的同时，对策略和方法保持高敏感度和适应性。这要求你具备较高的洞察力和前瞻性，能够预见到可能出现的变化，并迅速调整策略以应对这些变化。在这个过程中，你需要不断地学习和适应，不断地寻找那些能够带来突破的解决方案。

有时候，这种灵活性意味着要勇于改变现有的计划。在实际操作中，这可能涉及重新评估资源分配、调整项目进度，甚至可能需要彻底改变项目的方向。对于管理者来说，这样的改变可能会伴随着风险和不确定性，但是不改变则可能意味着错失机遇或者被竞争对手超越。

○ 培养人才，关注成长

你的角色不仅仅局限于指挥和管理日常任务。一个有远见的管理者应该深刻认识到，团队成员的个人成长和职业发展对于团队的长期发展至关重要。因此，你需要积极关注团队成员的发展需求，提供必要的资源和支持，以促进他们的成长。为此，你要做到：

一是应该与团队成员进行定期的沟通，了解他们的职业目标、兴趣和潜在的技能。这种对话可以帮助管理者识别团队成员的需求，并制定个性化的发展计划。通过这种方式，你不仅能够为团队成员提供适当的培训和发展机会，还能够确保他们在职业生涯中不断前进。

二是还应该鼓励团队成员参与各种专业发展活动，如研讨会、工作坊和会议，这些活动可以帮助他们扩展知识、学习新技能并与行业专家建立联系。你还可以考虑建立一个内部导师计划，让经验丰富的员工指导新员工或那些希望提升职业技能的成员。

三是应该重视培养潜在的管理者。通过识别具有领导潜力的员工，并提供领导力培训和发展机会，你可以为团队和组织的未来培养关键的领导人才。这不仅有助于确保组织的连续性，还能够激励团队成员，使他们看到在组织内部有成长和晋升的可能性。

◯ 维护秩序，减少冲突

有效的冲突管理技巧是保持团队和谐与高效的关键。这要求团队成员具备良好的沟通技巧，能够倾听不同意见，理解彼此的立场，并在尊重对方的基础上寻求共同点。通过这样的互动，团队成员可以更好地理解冲突的根源，从而找到解决问题的最佳途径。

在处理冲突时，重要的是要冷静和客观，避免让个人情绪影响判断。与此同时，可采取积极的措施，如定期召开团队会议，讨论项目进展和潜在的问题，可以帮助提前发现并解决冲突。此外，建立明确的沟通渠道和反馈机制也有助于团队成员之间建立起信任和理解的关系。

◯ 持续改进，追求卓越

作为一名管理者，追求卓越不仅是一种职业要求，更是一种个人的使命和责任。在这个过程中，你应该始终保持一种积极进取的态度，不断寻找和利用各种可能的机会来改进自己的工作方法和团队的运作模式。这种对卓越的不懈追求意味着你需要不断地自我反省，识别出工作中存在的不足，并采取切实有效的措施来解决这些问题。

在推动团队发展方面，你应该鼓励团队成员采纳和实施最佳实践。最佳实践是指那些在特定领域或任务中被广泛认可并证明能够产生最佳结果的方法和流程。通过倡导这些实践，你可以帮助团队建立起一套高效、可靠的工作流程，从而提高工作效率，减少错误和避免浪费，确保工作成果的质量达标。

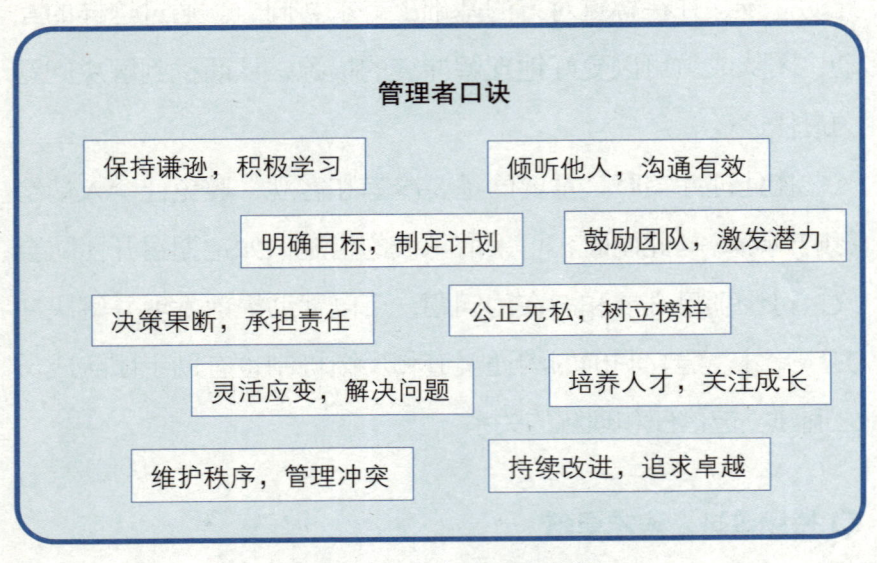

管理者口诀

- 保持谦逊，积极学习
- 倾听他人，沟通有效
- 明确目标，制定计划
- 鼓励团队，激发潜力
- 决策果断，承担责任
- 公正无私，树立榜样
- 灵活应变，解决问题
- 培养人才，关注成长
- 维护秩序，管理冲突
- 持续改进，追求卓越

图1　第一次当领导怎么做

新官上任，快速站稳脚跟的技巧

很多人刚刚被提拔为领导者，也是第一次当领导，或者被空降到分公司当领导，很容易就陷入焦急的状态，这不仅无益于自己接下来的管理，也会让自己因为乱了方寸而出错。

新的领导者如何快速掌控局势呢？如何才能在新的环境与位置上站稳脚跟呢？

● 熟悉环境

假设你是一名新的领导者，在上任初期会面临着诸多挑战，为了能够有效地领导团队，你必须投入时间和精力去深入了解组织的核心价值观、历史背景、战略目标以及长远的发展规划。这不仅有助于你更好地理解组织的运作机制，还能够帮助你把握组织的发展脉络，从而做出更加明智的决策。

你还需要对团队成员进行细致的观察和了解。这包括了解每位成员的个性特点、专业技能、工作经验以及他们在日常工作中的行为模式和沟通习惯。通过与团队成员的互动和交流，你可以更加准确地评估团队的整体能力和潜能，同时也能够发现团队成员之间可能存在的协作障碍或潜在的冲突点。

了解团队的工作方式对于你来说同样重要。每个团队都有其独特的工作流程和协作模式，你需要掌握这些信息，与团队成员进行一对一的沟通，以便更有效地指导团队工作，确保团队能够高效地完成任务。同时，这也有助于你识别工作流程中可能存在的瓶颈或效率不高的环节，以便采取措施进行改进。

通过这些努力，你不仅能够在组织内部建立起自己的权威，还能够赢得团队成员的信任和尊重。当团队成员感受到你对他们的了解和尊重时，他们更愿意接受你的指导和建议，这种相互信任的氛围能有效提高团队的凝聚力和工作效率。

● 建立关系

对于新晋领导者而言，与同事建立起良好的工作关系是至关重要的一环。这不仅有助于创建一个和谐的工作环境，而且能够促进团队效率和协作精神的提升。

首先，积极参与团队活动是一种有效的方式。通过参与或组织各种团队建设活动，你可以展示出愿意与团队成员并肩作战的态度。这样的活动不仅能够增进同事间的了解和友谊，还能增强团队的凝聚力，使每个人都感到自己是团队不可分割的一部分。

其次，主动沟通是建立良好工作关系的基石。通过定期的会议和非正式的交流，你可以及时了解团队的动态和成员的需求，同时也能够传达自己的期望和目标。这种双向的沟通有助于消除误解，确保信息的透明流通。

最后，展现团队精神是你赢得同事支持的关键。你需要通过自己的行动来证明，你不仅仅是在口头上强调团队合作的重要性，而是真正地将其付诸实践。无论是在面对挑战时带头冲锋，还是在庆祝成功时赞扬团队的努力，你都应该展现出对团队的忠诚。

◎ 明确目标

新晋领导者在承担起领导职责之初，首要的任务之一是与上级领导进行全面而深入地沟通。这一过程可确保你能够对工作职责有一个明确而清晰的理解。通过这种沟通，你可以更好地把握组织的期望，以及他们所负责的部门或团队需要达成的具体目标。

有效的沟通不仅有助于你了解当前的工作状况，还能够帮助你识别哪些是工作中的关键要素，从而确定工作的优先顺序。当你对工作职责和目标有了深入的理解后，就能够根据这些信息，制定出科学而合理的计划，以实现既定的目标。

与上级领导的沟通还能够帮助你建立起信任关系，这对于你未来的工作表现和职业发展都是极为有利的。在这个过程中，你可以展现出自己的专业能力、决策智慧以及对组织目标的承诺，从而在组织内部树立起积极的形象。

◎ 展现能力

通过具体的工作成果和决策过程，你可以向同事们展示自己对业务的深刻理解和处理问题的能力。这种展示应当是持续和一致的，以便在同事和上级心中建立起坚实的信任基础。当同事们看到你能够有效地解决问题，提出创新的想法，并推动项目向前发展时，他们对你的能力的信心自然会增强。

通过与团队成员的沟通和合作，你可以进一步展现自己的人际交往能力和团队管理能力。有效的沟通能够帮助领导者更好地理解团队的需求，同时也能够使团队成员更加了解领导者的决策逻辑和工作风格。这种双向的交流有助于建立起一种互相信任和尊重的工作环境，从而提高工作效率和团队凝聚力。

在实际工作中，你还应当展现出对细节的关注和对质量的追求。这意味着在项目管理、决策制定和日常运营中，你需要保持高标准和高效率的工作态度。通过这样的专业表现，领导者不仅能够在同事和上级心中树立起专业可靠的形象，也能够为团队树立起追求卓越的标杆。

◉ 学习与适应

面对新环境和新角色，新晋领导者往往会遇到各种各样的挑战。这些挑战可能来自对新环境的不熟悉，也可能来自新角色所带来的责任和期望。对于新的领导者来说，你需要面对的挑战可能会更多。

新环境意味着新的工作方式、新的团队文化和新的工作内容，这些都可能与过去的经验有所不同，需要你去适应。

新角色可能会带来新的职责和期望。作为领导者，你需要承担起更多的责任，包括团队管理、制定策略、解决问题等。你需要具备相应的知识和技能，以应对各种可能出现的问题和挑战。

因此，新的领导者应该保持开放的心态，愿意学习新知识和技能。只有不断学习和提升，才能适应不断变化的工作中的要求，才能更好地履行自己的职责，满足团队和组织的期望。

◎ 展现领导力

即使是新上任的领导者，也需要展现出一定的领导力。

作为新上任的领导者，你要尽早展现自己的领导力，让大家觉得你是一个有能力的引领者。

一个领导者需要具备引导团队的能力，包括建立明确的目标和愿景，激励团队成员朝着共同的目标努力，还要能够有效地传达目标和愿景，确保每个团队成员都明白自己的角色和责任。通过与团队成员建立良好的沟通和合作关系，提升工作效率与效果。

解决问题是领导者的重要能力之一。在面对挑战和困难时，需要能够迅速识别问题的本质，并采取适当的措施来解决它们。要能分析问题的根本原因，制定解决方案，并协调团队成员共同努力。你还需要具备创新思维和解决问题的能力，能够提出新颖的观点和方法，以应对不断变化的环境和情况。

在必要的时候，你还需要能够做出明智的决策。作为团队的领导者，你需要承担起决策的责任，并在关键时刻做出明智的选择。这可能需要你权衡不同的利益和风险，考虑各种因素和影响，并做出最有利于团队和组织的决定。要有敢于担当的勇气，能够在压力下保持冷静和理性，并做出正确的决策。

● 保持耐心

无论如何，耐心都是一名领导者必须具备的素质。

站稳脚跟是一个渐进的过程，它需要时间和耐心。对于新上任的领导者来说，尤其重要的是，要认识到适应全新的工作环境和职责不是一蹴而就的。因此，你应该保持冷静和有耐心的态度。

有的时候可能会出现团队不配合的情况，这个时候，你可以给他们一些时间去思考、适应。但你千万不能急躁，或者耍官威，而应该是带着耐心去磨合，去了解他们。

领导者的误区

Part 02

为什么下属不听你的指挥

作为一名领导者,你可能曾经遇到这样的挑战:当你下达指令或提出建议时,你的下属似乎并没有真正地听取或者执行。这种情况可能会让你感到疑惑,甚至有时候会感到沮丧。毕竟,作为领导,你希望团队成员能够遵循你的指导,共同推动项目向前发展。然而,当下属不断地忽视你的话语,将你的话当成了耳旁风,这样下去,不仅会影响团队的效率,还可能损害你的权威和团队的凝聚力。

关于下属为何不服从上级的指挥与命令,其背后可能隐藏着多种复杂的原因。这些原因可以概括为以下两个方面:一方面是个人内在的原因,另一方面则是受外部环境的影响。

先来看看内在因素,你可能会发现员工对于你的指令感到不满或是缺乏理解,这是导致他们不听从指挥的一个重要原因。这种不满或缺乏理解可能源于他们对指令内容或目的的质疑。也就是说,员工可能会对指令的合理性、可行性或者与自己的工作职责的关联性产生疑问,从而对执行指令产生抵触情绪。

当然,员工的个人性格特点也是一个重要的影响因素。有些人可能天生就有一种固执己见的性格，他们喜欢按照自己的方式去做事，不愿意接受他人的指导。另一些人可能有较强的反叛心理，他们反对权威，不喜欢被指挥，这也可能是导致他们不愿意听从上级指挥的一个原因。

除了个人内在因素外，外部环境也可能对员工的行为产生影响。例如，如果员工与领导之间存在沟通上的障碍，这也可能是导致指挥不畅的一个原因。沟通障碍可能表现为语言和文化地域差异（这种情况多见于外企），也有可能只是简单的误解。语言不通可能导致信息的传递不准确，文化地域差异可能导致双方对同一事物的理解和预期不同，而简单的误解则可能导致员工对领导的指令产生错误的解读。

有些员工可能因为对自己的专业技能过于自信，或者深知自己在团队中扮演的角色难以被他人替代，甚至可能是因为拥有某些特殊的背景或资源，而产生了一种优越感。这些因素可能导致他们对上级的指令不予理睬，甚至故意违抗命令。

面对这样的下属，作为领导或管理者，你不能简单地放任自流。如果对这种行为视而不见，不仅会破坏团队的纪律，还会影响整个团队的工作效率和氛围。因此，适当地给予他们一些警示是必要的。这并不意味着要对他们进行严厉的惩罚，而是要通过明确的态度和行动，让他们认识到自己的行为是不恰当的，并且会对团队的整体利益造成损害。

作为领导者，首要任务是进行一系列细致的评估。包括对该下属在团队中的作用和重要性进行全面的分析。你需要认真考虑他的专业技能是否具有独特性，还需评估他与客户之间的关系，是否存在某些特殊的私下利益关系，这些关系是否对团队或组织有着不可忽视的影响。

如果经过评估，你得出的结论是，该下属确实暂时无可替代，而且没有他的参与，团队将会遭受明显的损失，那么接下来的最佳做法是寻找一个适当的时机，与他进行一次私密而深入的对话。这次谈话，你的目的在于深入了解他不愿意遵从指令的根本原因。只有掌握了这些信息，你才能针对性地采取措施，解决问题。

在了解到问题的根源后，你可以制定相应的解决方案，以期改变他的态度，使他重新听从安排。如果常规的沟通和管理手段都无法促使他改变立场，那么你需要考虑更为长远的解决方案。这时，你可以把他的部分工作职责转移给其他合适的团队成员，以便工作能继续顺利开展。

如果下属不能胜任现工作岗位，可以调岗或解除其职务，但要尽量减少该事件对团队的负面影响。同时，要向其他下属解释清楚，这不仅是为了维护团队的纪律，也是为了警示，让其他成员明白不遵守规则的后果。

除此之外，还有一种常见的例子，即当你在领导岗位上下达了命令，可能会遇到一些下属不遵守规则的情况。这些人可能是性格倔强、难以驾驭的员工，也可能是与你同时加入公司的同事，甚至可能是资历比你更高的员工。面对这些情况，无论你面对的是何种身份的人，你都必须坚定不移地采取行动，对他们进行必要的纠正。如果对不遵守规则和指令的行为视而不见，那么这种不良行为就可能演变成一种习惯，进而形成一种不良的风气。

作为领导者，你需要让下属明白，你的命令是需要被严格执行的。你的威严和权威是不容忽视的。如果想要在你选择的领域取得显著的成功，就必须学会必要的管理技能，使下属拥护你，并听从你的指挥。

因此，作为一名领导者，你需要具备坚定的决心，明确的目标，以及高效的领导技巧。你需要知道如何通过你的指令，引导和激励下属，使他们愿意为你工作，并跟随你的步伐，共同为公司的目标努力。这样，才能在你所选择的领域中取得真正的成功，成为一名真正优秀的领导者。

无效批评导致下属逆反与消极应对

古人云："人非圣贤，孰能无过？"

只要是人，都会犯错误。当下属在工作中犯了错误时，领导的反应和处理方式往往会直接影响团队的氛围和下属的工作态度。

对于一些微小的失误，很多领导可能会选择宽容对待，采取一种"睁一只眼闭一只眼"的态度，认为这些小错误不值得过多地追究。这种做法在某种程度上可以维护团队的和谐，避免因过度批评而影响下属的情绪和工作积极性。

然而，并非所有的错误都可以轻易放过。有些错误，尽管在当下看微不足道，没有给团队或公司造成明显的损失，但如果不加以纠正，同样的错误在将来可能会再次发生，那时，也许会带来严重的后果。因此，面对这类错误，领导需要采取更加严肃的态度，对下属进行必要的惩罚和批评，以确保他们认识到错误并采取措施防止再次发生。

在处理这类问题时，领导通常会先给予下属适当的惩罚，以表明错误的严重性，并通过批评指出问题所在，希望下属能够吸取教训。如果批评的方式不当或者过于严厉，可能会导致下属产生逆反心理。这种情况下，下属可能在表面上承认错误，并向领导保证不会再犯，但实际上并没有真正吸取教训，甚至可能故意表现出一种不负责任的态度，这种"摆烂"的行为无疑会让很多领导都感到头疼。

对于任何领导者来说，批评下属都是一项充满挑战的任务，尤其是对于那些缺乏管理经验和知识的新手领导而言，这项任务可能会显得尤为艰巨，甚至可能让他们感到困惑和无助。批评是管理工作中不可或缺的一环，正如开头所说，没有人能够做到完美无缺，每个人都可能在工作中出现失误。

有些管理者在面对下属的错误时，可能会因为一时的情绪激动而失去理智，不加区分地对下属进行批评，却忽略了对事件的全面调查和分析。这种做法是不负责任的，也不利于问题的解决。因此，在进行批评之前，你应该先弄清楚事情的真相，确保自己的批评是建立在客观事实的基础上的。

此外，批评下属时，最好能私下进行，尽量避免在公开场合，尤其是在其他同事面前。如果你选择在多人面前进行批评，那么这很容易变成一场"批斗会"，不仅会让下属感到尴尬和羞愧，甚至可能导致他们对工作、对未来失去信心。相反，如果能在办公室单独进行批评，即使其他人最终也会知道，但至少会让下属感到自己的隐私得到了一些保护。

在批评下属时，你应该努力营造一种轻松的氛围，以减轻下属的紧张感和抵触情绪。例如，你可以从关心下属的生活和工作开始，或者以一些轻松的日常话题作为开场白，这样不仅能够让批评听起来更具有人情味，也能够体现出自己对下属的关心和支持。通过这样的方式，批评将不再是单纯的指责，而是一种促进下属成长和进步的手段，有助于建立一种更加积极和健康的工作环境。

在对下属进行批评指导时，要采取一种更为明智的有效方式——对事不对人。

"对事不对人"的原则，意味着你在批评下属时，应该集中关注事情本身，而不是针对其个人。这样的批评方式，不仅能够避免让下属产生被针对的感觉，还能确保他们不会认为你对他们有偏见。客观的批评方法，能够帮助下属更加客观地看待自己的问题，从而更容易接受批评并改正错误。

更为重要的是，"对事不对人"的批评方式，能够在团队或部门内部营造一种公平的竞争环境。在这样的环境中，下属不会因为担心个人利益受损而去选择迎合上级，或者使用不正当的手段来获得优势。这样，每个人都能在一个公平的环境中展示自己的能力和价值，从而促进整个团队或部门的健康发展。

即使你采取了"对事不对人"的批评方式，有时候下属仍然可能会产生抵触情绪。在这种情况下，作为管理者，你不能仅仅满足于完成批评任务，而应该在批评之后的几天内，主动找到下属，进行深入的交流。这样的交流，可以消除下属可能产生的误解，也能够加深彼此之间的信任和理解。

如果经过批评，下属仍然没有改正错误，你应该认真分析他继续犯错的原因。可能是因为他不理解任务的要求，或者是因为他缺乏必要的技能或资源。在这种情况下，你应该提供必要的支持和帮助，而不是盲目地再次进行批评。通过这样的方式，你不仅能够帮助下属改正错误，还能够提升他们的能力和信心，从而促进整个团队或部门的长期发展。

实际上，通过深入分析，我们会发现，大多数错误并非完全是下属主观意愿所导致。这些错误可能是由于外部环境的变化、信息的不对称、资源的不足、流程的缺陷或是沟通的不畅等多种因素相互作用的结果。因此，当错误发生时，简单地归咎于下属，不仅可能忽视了问题的真正根源，也不能从根本上解决问题。

在面对下属犯错的情况时，你应该采取更加全面和深入的视角来审视问题。除了指出下属的错误，更重要的是要进行自我反省，思考自己在这个过程中是否也有责任。这包括检视自己的领导方式、决策过程、对下属的指导和培训是否充分，以及是否为下属提供了足够的支持和资源。

当错误发生时，你应该与下属一起坐下来，共同分析错误发生的原因，探讨如何改进和预防类似问题的再次发生。

事必躬亲的人可能不适合当领导

有很多领导都喜欢亲力亲为，事必躬亲，什么事情都要过问一下。或许，他们的个人能力很强，比下属中的任何一个人都要强，但总的来说，事必躬亲并不会让一个领导更具领导力，或显著提升公司效益，因为在通往成功的路上，他可能会把自己累死。

美国著名的管理顾问比尔·翁肯（Bill Oncken）曾经提出了一个引人入胜的理论，被称为"背上的猴子"。这一理论以一种生动的比喻，阐述了组织中成员职责的重要性。

在一次偶然的机会下，翁肯教授发现了一个令他深思的现象。那是一个繁忙的工作日，他正埋头于堆积如山的文件和报告，加班加点地努力完成任务。然而，当他疲惫地抬起头来，透过办公室的窗户，意外地看到了一幕让他颇为惊讶的场景：他的下属竟然在悠闲地打着高尔夫球，似乎完全没有被工作的压力所困扰。

这一发现对于翁肯教授来说，宛如一记警钟，让他开始反思自己的管理方式。他意识到，作为主管人员，他的时间之所以总是显得捉襟见肘，一个很重要的原因在于他没有有效地进行授权分责。他习惯于将所有的任务都集中在自己手中，而没有将那些本应由下属承担的职责分配出去。这种过度的责任感和对工作的控制欲，导致他总是在不断地追赶着工作进度，而无法从繁忙的工作中抽身。

由此便诞生了"猴子理论"，在这个理论中，所谓的"猴子"代表了组织中各个成员所承担的职责。无论是大型企业还是小型团队，每个成员都有自己的特定职责，这些职责就像是他们背上的"猴子"。当一个人加入一个组织时，管理者会根据该成员的职责和能力，将不同的"猴子"分配给他们。

组织中的每个成员都肩负着完成自己职责的使命，也就是喂养自己的"猴子"：这包括了执行任务、解决问题、达成目标等各项工作。通过履行自己的职责，成员们共同推动组织的发展和进步。

正如理论中所提到的，"猴子"并不是一成不变的。随着组织的变化和发展，成员的职责也会发生变化。有时，一个成员可能需要接手其他成员的"猴子"，或者需要处理多个"猴子"。这就需要管理者在分配职责时保持灵活性，根据组织的需求和成员的能力进行调整。

企业的成功与否，最终取决于"猴子"的健康状况，因此，组织中的"猴子"也需要得到适当的关注和照顾。如果组织内的成员能够优秀地完成自己的职责，那么他们所负责的"猴子"就是健康的。这是因为，员工的工作表现直接影响到他们所负责的"猴子"的健康状况。如果员工能够胜任自己的工作，履行自己的职责，那么他们所负责的"猴子"就会保持健康。相反，如果员工无法胜任自己的工作，不能履行自己的职责，那么他们所负责的"猴子"就会出现健康问题。如果一个成员无法有效地完成自己的职责，那么他背上的"猴子"可能会变得虚弱甚至生病。这时，管理者需要及时介入，提供支持和指导，确保每个成员都能够胜任自己的职责，从而保持整个组织的稳定和高效运转。

"猴子"的健康状况无疑会影响到组织的整体竞争力。因此，为了使"猴子"保持健康，关键在于帮助员工完成自己的职责，提高他们的工作能力，或者将他们从当前的职位上调离，让更有能力的人来完成这一职责。

有时候，管理者会直接接管下属的工作，以解决眼前的问题。这种做法虽然在短期内可能会加快问题的解决速度，但从长远的角度来看，这种做法却会带来更大的问题。因为，管理者直接接管下属的工作，在一定程度上会阻碍下属的成长，剥夺他们独立解决问题的权利。长此以往，下属就会丧失解决问题的能力，变成只会听从命令、等待指示、依靠请示的"应声虫"，失去其主动性和独立性。

承担下属的责任，即帮助下属"背猴子"，可能会陷入一个领导上的困境。当管理者开始接手下属的工作，也就是接手原本属于下属自己的"猴子"，其他下属可能会为了逃避责任或者为了自己更轻松，也会主动将原本应该自己承担的工作推给领导。这样一来，管理者很快就会发现自己陷入了一个无法自拔的困境：被无尽的琐事所困扰，甚至没有时间去处理自己应该负责的工作，如实施计划、组织、协调等职责。

对于一个管理者来说，替下属承担工作的行为是不被推崇的。管理者过于亲力亲为，不仅会导致组织工作效率低下，还会打击下属的工作积极性，甚至可能导致人才的流失。古人曾云："自为则不能任贤，不能任贤则群贤皆散。"这句话在今天的理解就是，如果管理者过于亲力亲为，而不重视选拔和任用有才能的人才，那么优秀的人才就会离开，不愿意为其工作。这样，团队中的人才流失，团队的整体能力和效率就会下降。

过于能干的领导，往往会导致有才能的下属流失，剩下的可能只是一群不愿思考的庸才，这样的团队的战斗力显然会很低。

因此，你应该学会信任下属，放手让他们去承担责任，这样才能激发他们的工作热情，提高团队的整体效率，才能避免陷入"背猴子"的领导困境。

管理方法太单一，年轻下属不服管

曾经有一位企业家朋友跟我抱怨："现在的年轻人啊，根本不服管，都指挥不动。"

我跟他说："现在的年轻人不是不服你的管，而是你不会管。"

首先，我们必须认识到，不同的年代出生的人们，他们各自拥有自己独特的时代特征和个性。这些特性在很大程度上影响了他们的工作态度和行为模式。

对于70后这一代人来说，他们通常非常实际和务实。他们成长于一个资源相对匮乏的时代，因此习惯了勤奋工作，面对艰难的任务他们从不抱怨、不犹豫。在工作环境中，只要是上级给他们安排的任务，他们就会立刻行动，迅速投入工作中去，并不需要太多的督促或激励。

而80后这一代人，则有所不同。他们生活在改革开放的初期，见证了社会的快速变化，因此他们更加适应压力，并能够在一定的压力下工作。虽然他们也需要一定的推动力，但只要给予适当的鼓励，他们就能够积极地完成任务。

90后这一代人，则更加注重自我价值的实现和尊重。他们在一个信息爆炸、强调个性表达的环境中长大，因此在与他们交流时，需要表现出对他们意见的尊重和认可。在下达命令或任务时，如果能够体现出对他们能力的肯定和对他们人格的尊重，他们会更愿意接受挑战，积极地完成工作。

对于00后这一代年轻人来说，情况就复杂得多了。他们出生在一个科技飞速发展、物质条件极大丰富的时代，对于工作和生活有着不同于前辈的看法和期待。他们追求个性化、自主化，对于传统的权威和管理方式不太认可。因此，与00后打交道，不能再简单地依靠传统的命令和控制手段；相反，需要更多地了解他们的想法，与他们建立平等的沟通，找到激发他们内在动力的方法，才能够有效地引导他们去完成既定的任务。

因此，身为管理者要明白，你手中的管理方式不能太单一，因为时代变了，老办法解决不了新问题。

在当今快速变化的商业环境中，管理者需要具备敏锐的洞察力，以便更好地激发团队中年轻员工的潜力。年轻员工往往对新兴趋势和技术保持着高度的敏感性，他们对创新和变革抱有浓厚的兴趣。这种天生的好奇心和对新事物的接受度，使得他们成为推动组织进步和创新的重要力量。

年轻员工不仅对新鲜事物敏感，他们还有着强烈的渴望，希望能够在工作中寻找到自我价值的实现。他们希望自己的努力能够被认可，希望自己能够在职业生涯中不断成长和进步。因此，他们寻求的不仅仅是一份工作，更是一个能够提供个人发展和职业晋升机会的平台。

鉴于此，你应当采取积极的策略，通过赋予年轻员工更多的自主权和责任感，来满足他们的这些需求。例如，可以让他们在项目中承担更加关键的角色，让他们有机会参与到决策过程中来。这样的实践不仅能够让年轻员工感受到自己对组织的重要性，还能够激发他们的创造力和热情，从而为组织带来新的活力和创意。

当年轻员工感到自己的意见和想法被重视，他们会更加积极地投入工作中，这种参与感和归属感的提升，将极大地促进他们的工作满意度和忠诚度。这也是对年轻员工能力的一种信任和肯定，有助于他们建立自信，加速其个人和职业的成长。

同时，年轻员工更加重视个人时间的自主权，追求工作与生活的平衡，不希望工作占据他们所有的时间和精力。他们也渴望能够在工作中不断学习新技能，保持与时俱进，以适应快速变化的工作环境。他们对职业发展有着更高的期望，希望在工作中看到明确的成长路径和晋升机会。

鉴于这些特点，你可以采取更为创新和个性化的激励策略来满足年轻员工的需求。例如，提供灵活的工作安排，如弹性工作时间或远程工作等选项，可以帮助员工更好地平衡工作和个人生活。这样的安排不仅能够提高员工的工作满意度，还能增强他们对公司的忠诚度。

另外，你应该与年轻员工一起制定职业发展规划，明确展示他们在公司内部成长的途径和机会。这可以通过定期的职业咨询会、导师制度或者提供内部培训和晋升机会来实现。当员工看到自己的努力有明确的回报和职业上的提升时，他们的积极性和投入度自然会更高。

为了激发年轻员工的持续学习热情，你还可以提供继续教育的机会，如资助员工参加行业会议、研讨会或者提供在线课程的访问权限。这样不仅能够帮助员工扩展知识和技能，还能够让他们感受到公司对他们个人发展的重视。

当然，你也可以积极探索并采纳更加灵活和多样化的管理策略。例如，敏捷管理作为一种灵活的项目管理方法，它强调快速响应变化、持续交付产品和紧密协作，这种方法比较适合于年轻员工追求快节奏和灵活性的工作风格。

团队合作是提升工作效率和创造力的关键。你可以通过建立跨职能团队，鼓励团队成员之间的交流和合作，从而打破部门间的壁垒，促进知识和技能的共享。这样的团队合作不仅能够提高解决问题的能力，还能够增强员工之间的凝聚力和归属感。

项目制工作方式也是一种有效的管理手段。通过将工作分解为一系列具体的项目，你可以更清晰地分配任务和责任，同时给予员工更多的自主权，让他们在完成项目的过程中发挥主动性和创造性。这种以项目为中心的工作方式，不仅有助于提高工作的透明度和可追踪性，还能够满足年轻员工对于参与感和成就感的需求。

采用以上管理方法，你不仅能够提升团队的整体表现，提高工作效率和质量，还能够激发年轻下属的创造力和潜力，帮助他们实现个人成长和职业发展。这种管理上的创新和灵活性，对于吸引和保留年轻的人才，以及构建一个充满活力和创新精神的工作环境，是非常具有启发意义的。

Part 03　树立威信

"威"从哪来，"信"从哪来

对于担任领导职务的个体而言，建立和维护威信是他们在职业生涯中实现自我身份认同的重要过程。威信，作为一个领导者影响力的关键因素，是通过多个维度来构建和体现的，主要包括经历、成就、关系、相貌、性格以及能力。

◉ 经历

个人的成长轨迹和所经历的种种事件对于其威信的建立具有不可忽视的重要性。在领导层面，一个人的过往，无论是其接受的教育、积累的工作实践，还是丰富的生活体验，都构成了其权威形象的坚实基础。这些经历，就像是一块块搭建起威信大厦的砖石，为领导者的权威提供了坚实的支撑。

教育背景作为个人成长和发展的起点，往往决定了一个人的知识水平和思考问题的深度。一个拥有扎实教育背景的领导者，不仅能够掌握更多的专业知识，而且在面对复杂问题时，能展现出更为深入和独到的见解。

工作经验则是领导者在实践中磨炼技能和积累经验的过程。通过在不同岗位上的工作，领导者能够学习到如何管理团队、协调资源，以及如何在各种情况下保持冷静和应对挑战。这些实际工作中的经历，使得领导者在对未来作决策时，能够更加从容不迫，因为他们已经学会了从过去的经验中吸取教训。

生活阅历，包括领导者在工作之外的广泛接触和深刻体验。这些可能包括旅行、阅读、人际交往等丰富多彩的活动。这些生活经验不仅丰富了领导者的内心世界，也使他们在处理人际关系和进行组织管理时，能够展现出更为人性化和同理心的一面。

◯ 成就

在组织内部，领导者所取得的成就，无论是完成重大项目，还是实现业绩的显著增长，都能显著提升其在团队中的威信。这种威信的提升，不仅仅是因为领导者的成功，更是因为领导者的能力得到了实实在在的证明。

在行业内，领导者的成就同样能显著提升其威信。无论是在行业内部获得的重要奖项，还是在行业中取得的显著成就，都能达到提升领导者威信的目的。

成功带领团队完成重大项目，这是领导者威信的一个重要证明。这不仅证明了领导者的组织能力，更证明了领导者的领导能力。只有能够成功带领团队完成重大项目的领导者，才能真正获得团队的信任和尊重。

实现业绩增长，这是领导者威信的另一个重要证明。这不仅证明了领导者的战略眼光，更证明了领导者的执行力。而能够实现业绩增长的领导者，才能真正获得股东和投资者的信任和尊重。

获得行业奖项，这是领导者威信的又一个重要证明。这不仅能证明领导者的专业能力，更能证明领导者的影响力。那些能够获得行业奖项的领导者，才能真正获得行业的认可和尊重。

● 关系

第一，当领导者能够展现出对团队成员的关心、支持和尊重时，他们更有可能赢得团队的信任和忠诚。这种信任是双向的，团队成员也会因为领导者的正直和能力而信任他们。在这样的环境中，领导者的威信自然而然地得到提升。

第二，同事之间的关系也不容忽视。在同事之间建立良好的工作关系，可以促进团队合作，提高工作效率。当领导者在同事中树立起良好的形象，他们的意见和建议会更容易被接受，从而增强领导者的影响力和威信。

第三，上级对领导者的支持和认可同样很重要。通过与上级建立稳固的关系，领导者可以获得更多的资源和支持，这对于推动项目和决策的实施非常有帮助。来自上级的信任和支持往往能够增强领导者在其团队中的权威。

第四，外部合作伙伴是扩展领导者影响力的重要途径。在与外部合作伙伴建立良好关系的过程中，领导者不仅能够获得新的资源和信息，还能够通过合作扩大自己的影响范围。这种跨界合作有助于提升领导者的行业地位和专业声誉。

◎ 相貌

在评价一个人时，尽管相貌通常不被视为最关键的标准，但在日常生活和职场环境中，它在人际互动中扮演着不可忽视的角色。特别是在社交场合，一个人的外貌和举止往往会在第一时间传达给旁观者，这可能会影响他们对这个人专业素养和能力的看法。

对于领导者而言，外在形象和仪态尤为重要。一个领导者的外观、穿着、肢体语言以及整体气质，都可能成为他人评判其是否具备领导才能的重要因素。例如，一位穿着得体、举止优雅的领导者，可能会给人一种专业而有能力的感觉，这种积极的第一印象有助于在同事和下属心中树立起威信。

值得注意的是，外在形象虽然重要，但它仅仅是个人魅力的一个方面。一个真正的领导者，除了需要维护良好的外在形象外，更应该具备坚实的专业知识、卓越的领导能力和良好的人际交往技能。这些内在素质才是构建和维护威信的根本。

● 性格

一个具有决断力的领导者能够在面对复杂情况时迅速做出决策，这种能力能够确保团队在关键时刻不会迷失方向。

正直是领导者信誉的基石。一个诚实守信的领导者能够树立道德榜样，通过自己的行为为团队树立正确的价值观和行为准则。这种正直的行为不仅能够赢得团队成员的尊敬，还能够增强他们对领导者的信任。

责任感是领导者能否获得下属追随的关键因素。一个有强烈责任感的领导者会为自己的行为和决策承担责任，即使在面对失败时也不推卸责任。这种愿意承担后果的态度能够鼓励团队成员也对自己的工作负责，从而形成一个高效且有凝聚力的团队。

同理心是领导者与团队成员建立情感联系的重要工具。一个具有同理心的领导者能够理解并关心团队成员的感受和需求，这种关怀能够提升团队成员的忠诚度和积极性，进而增强领导者的威信。

● 能力

专业技能是领导者威信的基础：一个领导者如果在其专业领域内拥有深厚的知识和技能，能够对复杂问题提供专业的解决方案，那么领导者自然会赢得团队成员的尊重和信任。专业技能不仅包括对业务的深刻理解，还包括对行业动态的敏感度和对未来趋势的预见能力。

领导能力是领导者威信的关键：领导能力涉及多个方面，包括决策能力、团队建设、激励员工、战略规划等。一个具备强大领导能力的领导者能够制定清晰的目标，动员团队向共同的目标努力，并在过程中保持团队的士气和动力。领导者的领导能力还体现在面对困难和挑战时能保持冷静，做出明智的选择，并引导团队克服障碍，实现目标。

沟通能力是使领导者威信能长久保持的润滑剂。有效的沟通能够帮助领导者清晰地传达想法和期望，建立良好的人际关系，促进团队合作。一个善于沟通的领导者能够倾听团队成员的意见和需求，理解他们的观点，并通过对话和协商解决问题。此外，良好的沟通能力对领导者在外部交流中起着重要作用，如代表组织形象，维护公司利益等。

奖励+惩罚，管理的平衡术

"奖励+惩罚"策略是一种被广泛采用的管理哲学，它强调在领导团队或管理员工时，应当运用奖励和惩罚两种手段来引导和规范员工的行为。

在现代管理实践中，这种策略的核心思想是通过正面的激励手段，如奖金、晋升机会、表扬或其他形式的奖励，来激发员工的积极性和创造力，鼓励他们在工作中表现出色。这种积极的激励可以提高员工的满意度和忠诚度，从而促进团队的整体表现。

但仅有奖励是不够的。为了维护团队的纪律和秩序，领导者还需要设立一套公正的惩罚机制。这可能包括警告、罚款、降职或其他形式的处罚，以此来应对那些违反规定、工作表现不佳或行为不当的员工。这样的惩罚措施不仅能够及时纠正员工的不当行为，还能够向其他团队成员传达一个明确的信息，即组织对于标准和规则的执行是严肃认真的。

在使用"奖励+惩罚"策略时，哪怕是拥有多年管理经验的管理者都会犯错误，其中最典型的错误就是没有掌控好两者的度。

管理本身就是一种艺术，"奖励+惩罚"也需要平衡术。

第一点，为了有效提升团队的工作效率和士气，必须根据具体情况和下属的个性特点来决定何时使用奖励和惩罚这两种不同的激励手段。

在实际操作中，你需要细致观察员工的行为表现和工作态度，以便更好地理解他们的内在动机。有些员工可能对于正面的激励更为敏感，例如表扬、奖金、晋升机会等，这些奖励能够有效地激发他们的工作热情和创造力，使他们能更加积极地投入工作中去。这类员工往往对于成就感有较高的追求，因此，适时的奖励不仅能够让他们感受到自己的价值被认可，还能够激发他们持续向前。

现实中，并非所有员工都对奖励有同样的反应。有些员工可能对于惩罚更为敏感，他们可能对于规则和纪律有着更强烈的敬畏感。对于这类员工，当出现错误或不符合期望的行为时，适当的惩罚措施如警告、扣罚或其他形式的纪律处分等，可能更有助于他们认识到问题的严重性，并促使他们改正错误，避免再犯。

因此，领导者需要具备高度的洞察力和灵活性，以便根据不同员工的特点和当下的具体情况，选择最合适的激励方式。要避免一刀切的做法，而是根据每位员工的不同需求和反应，量身定制激励策略。这样，不仅能够促进员工个人的成长和发展，还能够为团队营造一个和谐、高效的工作环境。

第二点，领导者要有效地运用奖惩这一策略，必须考虑其长期效果，确保它能够持续地促进员工的积极表现和团队的整体发展。

过度依赖惩罚手段可能会带来一系列不良后果。当员工频繁被惩罚时，他们可能会产生强烈的厌恶情绪，这不仅会削弱他们的工作动力，还可能导致工作满意度的下降。此外，一个充满惩罚氛围的工作环境可能会损害团队的凝聚力，影响团队成员之间的信任和合作。在这样的环境中，员工可能会更倾向于保护自己，而不是积极地为团队目标做出贡献。

为了避免这些负面影响，在使用惩罚时必须小心谨慎，尽量注意惩罚的方式，确保它是公正和透明的，并且要与犯错的严重性相匹配。同时，还需要控制惩罚的频率，这样才能在一定程度上维护员工的积极性和团队的和谐。

当员工的努力得到认可和奖赏时，他们更能感受到自己工作的价值和意义。这种正面反馈不仅能够增强员工的积极性，还能鼓励他们继续努力，追求更高的成就。因此，领导者应该建立一个公平的奖励体系，确保表现优秀的员工能够及时得到嘉奖，从而激发员工的内在动力，推动团队向着共同的目标前进。

第三点，也要注意建立良好的沟通和信任关系。领导者需要与下属建立起开放、诚实和双向的沟通渠道。这意味着不仅仅是下达指令或反馈，更重要的是倾听员工的心声，了解他们的期望、需求和面临的压力和挑战。当你能够真正站在员工的立场思考时，就能设计出更精准的奖惩措施，使之与员工的动机和目标更匹配，从而提高激励的有效性。

另外，当员工遇到问题或困难时，如果他们信任你，就更有可能在遇到挑战时主动向你寻求帮助。这种信任关系的建立，不仅有助于及时发现和解决问题，还能增强员工对组织的忠诚度。

当然，信任也是实施惩罚措施的基础。在一个信任的环境中，员工更容易接受正面反馈，并将其视为成长和改进的机会。相反，如果缺乏信任，即使是公正的惩罚也可能被视为不公或报复，从而引发抵触情绪，损害工作关系，甚至可能导致人才流失。

第四点，这种策略的实施需要极为谨慎和精细的平衡。一方面，如果惩罚措施过于严厉或频繁，可能会引起下属的强烈不满和反抗情绪，不仅会破坏团队的和谐氛围，还可能导致员工的工作积极性和忠诚度下降。另一方面，如果奖励过于丰厚或轻易获得，下属可能会产生满足感，从而失去追求更高成就的动力，变得安于现状，不再努力提升自己的能力和业绩。

所以，作为一名明智的管理者，你需要在实践中不断探索和调整，找到奖励和惩罚之间的最佳平衡点。需要根据下属的具体情况和表现，合理地运用奖励和惩罚，使它们能够相互补充。在出现问题时，既能够及时纠正下属的不当行为，又能够有效地激发他们的积极性和创造力。通过这种方式，你可以确保这两种手段不仅不会相互抵消，反而能够相得益彰，共同促进下属的个人成长和职业发展，以及整个团队的进步。

发完火要做好善后工作

在人的一生中，我们都会遇到各种各样的情感波动，这些情感被统称为"七情六欲"。无论是在基层一线的员工，还是在管理层的管理者，都有可能在某些特定的情境下，无法控制自己的情绪，进而发火。这是一种非常正常的情感反应，因为人都有情感，都会受到外界因素的影响。

我们经常会听到各种声音，告诉我们要控制自己的情绪，不要轻易发火。这是因为发火可能会对人际关系产生负面影响，可能会让局面变得复杂。实际上，是否发火并不是最重要的问题。在某些情况下，即使我们尽力控制，也难免会有情绪的爆发。重要的是，我们在发火之后，如何处理后续的问题。

发火后的善后管理工作，并不是要求管理者或者员工去压抑自己的情绪，而是要求他们能够采取有效的措施，来平息局势，维护团队的和谐关系。这需要一定的情绪管理能力，需要我们能够在情绪爆发后，及时调整自己的心态，以理智的态度去处理问题。

当管理者不慎发火时，这一行为可能会对团队的氛围产生负面影响。为了缓解这种紧张的局面，可以采取的首要措施是通过及时的沟通和真诚的道歉来缓和紧张的气氛。通过表达自己对于发生情况的歉意，不仅能够展现出你对下属的关心，还能够传递出尊重和重视的信息，对于恢复团队的和谐与稳定是很重要的。

除了语言上的沟通和道歉之外，还应当通过具体的行动来修复因发火而可能造成的裂痕。例如，可以为下属提供额外的支持或资源，帮助他们克服目前的困难，确保任务能够顺利完成。这样的举措不仅能够弥补管理者情绪失控带来的不利影响，还能够展现出管理者对团队的承诺和支持。

更进一步，你还可以主动与下属进行深入的沟通，探讨问题的根本原因，并共同寻找有效的解决方案。这种开放式的沟通有助于增强团队成员之间的信任，同时也能够预防类似的情况再次发生，从而提升团队的整体运作效率。

通过这些善后工作，不仅能够展现出自己的责任心和成熟度，还能够在下属心中树立起一个更加稳固和值得信赖的领导形象。不仅有助于修复短期内因发火而受损的团队关系，而且能够在长期内促进团队的凝聚力和向心力，建立起一个更加健康、稳定的工作环境。

当然，最重要的一点是，在发火后，要记得复盘，回顾自己发火的原因，是不是因为自己的情绪管理不够，在当时的环境下，是不是有另一种有效的方法来解决问题或冲突，而不是靠发火。

下面也是善后管理的工作之一。

第一，作为一名管理者，掌握情绪管理和提高自我意识是至关重要的技能，这不仅有助于避免在压力或挑战面前失控发火，还能提升团队的整体氛围和效率。要实现这一目标，需要领导者对自己的情绪触发点有一个比较清晰的认知，即那些容易引发强烈情绪反应的情境或事件；了解这些触发点后，可以采取相应的应对策略，以避免不必要的冲突和麻烦。

为了提高自我意识和情绪管理的能力，可以定期进行自我反省，这包括回顾自己的行为、情绪反应以及它们对他人的影响。通过这种方式，领导者可以更好地理解自己的情绪模式，并学会如何在压力增大时保持冷静和专注。此外，参与情绪调节训练也是一个很好的选择，这种训练可以帮助领导者识别和调整自己的情绪反应，从而以更加成熟而有效的方式应对工作中的挑战。

除了提高自我意识和情绪管理能力，领导者还可以学习一些具体的放松技巧，以帮助自己在面对紧张或激动的情况时能迅速冷静下来。例如，深呼吸是一种简单而有效的方法，它可以帮助减缓心跳过快，降低血压，从而使管理者能够更清晰地思考和作出决策。另外，当情绪高涨时，暂时离开现场也是一种明智的选择。这样做可以为管理者提供一个短暂的缓冲期，让自己有机会重新评估情况，并以更加理性和平和的心态回归问题并将其解决。

　　第二，要确保有效的沟通和建立积极的反馈机制，因为这不仅有助于避免管理者情绪失控，还能够促进团队的整体和谐。作为管理者，应当努力与团队成员建立起一种开放和透明的沟通环境，需要主动倾听团队成员的声音，无论是他们的想法、意见还是个人感受。通过这种方式，领导者可以更好地理解团队成员的需求和期望，从而预防由于误解或信息不对称而产生的不必要的紧张和冲突。

　　此外，及时的沟通也能够帮助领导者捕捉到团队中潜在的问题和不满，在它们未演变成更大问题之前就进行干预。这种及时的沟通和解决问题的能力，可以显著减少因情绪累积而导致的更大问题。

　　同时，还应该鼓励团队成员提供反馈和建议。这不仅能够让团队成员感到自己的建议被重视，还能够为领导者提供宝贵的信息，从他们的角度审视自己的管理风格和方法。通过这种方式，领导者可以不断自我完善，调整自己的行为和策略，以适应团队的需求和动态变化。这种适应性和灵活性是减少管理过程中冲突和情绪失控的关键因素。

　　第三，要建立积极的工作氛围和健康的团队文化，这不仅有助于提升团队的整体表现，还能有效帮助管理者避免在压力下失控发火的情况。

　　通过实施有效的激励和奖励机制，可以激发团队成员的积极性和创造力。当员工感受到他们的努力和成就被认可和奖赏时，他们更有可能以积极的态度投入工作中。这种正面的激励机制不仅能够提升员工的工作效率，还能够增强他们对工作的热情和忠诚度，从而减少因工作压力过大而产生的负面情绪。

第四，还需要通过长期打造一个基于相互尊重和支持的团队文化。在这样的文化中，每个成员都能感受到来自同事的信任和合作精神。这种文化的建立需要领导者以身作则，展现出对团队成员的尊重和信任。当团队成员之间存在信任和相互支持时，他们更有可能聚在一起共同解决问题，而不是相互指责谩骂。这样的环境有助于减少冲突和矛盾，促进团队内部的和谐与协作。

空降领导岗如何快速建立威信

在古代，军队出征前的拜将仪式是一项庄严而隆重的典礼。这种仪式不仅具有鼓舞士气的重要功能，激发战士们的斗志和勇气，还承载着传达指挥结构、明确权责关系的作用。士兵们通过这一仪式，能够清楚地认识到自己的指挥官是谁，了解在战场上应该听从谁的指挥，从而确保军队的行动统一有序，提高作战效率。

同样地，现代企业中"空降兵"的入职仪式，也不仅仅是一个简单的欢迎活动。它的意义远超过让公司员工认识新加入的经理人那么简单。仪式很关键，它标志着组织架构的一次重要调整，代表新领导正式接手相关权力和责任。通过这个仪式，员工们可以明白，从此刻起，哪些业务领域、哪些决策将由这位新的经理人来负责和指导。

如果入职仪式被轻视，只是仅仅作为一个例行公事来处理，那么员工可能会对新领导的权威和职责范围产生疑惑。他们可能不会完全理解新主管的权力范围，不清楚哪些事务需要向新经理汇报和请示。这种不确定性可能会导致工作中的混乱，影响团队的效率和执行力。同时，对于"空降兵"本人来说，如果没有一个明确的权威确认和职责界定，他们可能会在工作中感到手足无措，难以施展拳脚，不能充分发挥自己的管理能力和专业技能。

从另一个视角来考虑，当我们谈论"空降兵"在企业中扮演的角色时，我们必须认识到，为了在竞争激烈的商战中取得优势，这些"空降兵"确实需要被授予"作战小队"领导权。这种权力的授予是确保他们能够迅速融入团队，发挥其专业能力的关键。

但是，如果管理层采取一种放任的态度，让"空降兵"在没有足够指导和支持的情况下自行应对各种挑战，这种做法可能会带来不良的后果。因为对"空降兵"来说，无论他们曾经的工作背景多么辉煌，也不可能在刚踏入一个新环境时，就能立刻展现出最佳的战斗状态。他们需要时间去适应、了解新的工作环境和团队成员。

在这样的背景下，如果公司的高层领导或老板能够在给予"空降兵"明确的授权的同时，还能在他们遇到工作上的障碍或困难时，提供必要的帮助和支持，那么这将是一个双赢的策略。这种策略不仅能够确保"空降兵"不会因为缺乏支持而感到迷茫，而且还能够帮助他们在最短的时间内发挥出最大的潜能，从而为企业带来更多的价值。

并且，这种在背后默默支持的方式，既不会影响"空降兵"在团队中的权威，又能确保企业的问题得到有效、快速的解决。这样的领导风格，既体现了对"空降兵"的信任，又展现了对他们的关心和支持，有助于建立一个更加和谐、高效的工作环境。

老板与上级领导的支持是很重要的。但在现实中，有些老板却很害怕，害怕"空降兵"的权力太大，会影响到自己的权威。实际上，这是有误的。因为即便管理层中的经理人才能卓越，他们的成功和成就也始终是在老板的授权和支持下实现的。因此，无论经理人的贡献有多大，他们的影响力和权力都不会超越公司的拥有者。

当企业取得卓越的业绩时，作为企业的拥有者——老板，将是最大的受益者。他们的财富和企业的市值将随之增长，企业的成功也将巩固老板在业界的地位和影响力。因此，虽然老板是企业的掌舵人，但通过其智慧的领导，赋予经理人适当的权力和支持，不仅能够激发管理层的潜力，还能够为企业带来更加繁荣的未来。

如果你是一名"空降兵"，那么你最先要做的，就是与老板或上级领导人多沟通，让他们明白这一点，并充分授予你权力。至于到了岗位之后，该如何与下属进行沟通和协调工作，这是后面需要考虑的事情。

怎么沟通

Part 04

解读领导金句：话里有话的职场智慧

在复杂职场沟通的舞台上，领导们往往不会直接明说他们的意图和期望，而是倾向于用一些含蓄而充满深意的表达方式。这些话语，乍看之下可能没什么特别，但它们背后往往隐藏着更深层次的含义，需要我们仔细揣摩和解读。

领导们的每一句话，可能不仅仅是字面上的意思，而是蕴含着他们对工作、对团队、对职业发展的深刻理解和独特见解。这些所谓的"金句"，并非凭空而来，而是领导们在长期的工作经验中积累的智慧结晶，是他们在实践中不断探索、思考、总结出来的宝贵财富。

如果你已经是一名领导者，那么你需要做的就是理解暗藏在"金句"背后的真实含义。你需要去适当理解领导们的思维方式，去揣摩他们的真正意图，去解读他们言语的深层含义。这样，你才能更好地理解领导的期待，更好地满足领导的要求，更好地与领导进行有效的沟通，同时也更好地当好领导。

例如，当领导在会议上强调"我们需要团队精神"的时候，这句话并不仅仅是在表面上强调团队成员之间合作的重要性。实际上，这更是一种深层次的暗示，它传达出的信息是：每个团队成员都应该有意识地放下个人的利益和偏好，将自己融入到整个团队之中，与团队成员们共同努力，为实现团队的共同目标而不懈奋斗。这种精神要求我们在面对挑战和机遇时，能够抛开小我，以大局为重，从而确保团队的整体利益得到最大化的体现。

再比如，当领导在讨论项目进度时提到"细节决定成败"，这句话实际上是在向我们传递一个非常关键的工作信息。这是一种对精益求精、追求完美的工作态度的强调，它告诫我们在工作中不能忽视任何一个细节。因为很多时候，一个小小的疏忽或者错误，就可能导致整个项目的功亏一篑。无论是在数据分析、报告撰写还是在项目执行的各个环节，我们都需要保持高度的警觉和专注，确保每一个环节都尽善尽美，以避免那些看似微不足道但实则可能对项目产生重大影响的错误。

领导经常会运用一些充满智慧和鼓舞人心的"金句"来激发员工的积极性和斗志。这些"金句"，比如"机会总是留给有准备的人"和"不经历风雨，怎么见彩虹"，它们不仅是简单的口号，而且还蕴含着深刻的道理，旨在鼓励每一位员工以积极的心态面对工作和生活中的挑战。

当然，以上的一些例子的深意还比较明显，很多人也都能领会得到，但有的时候，领导说话比较隐晦，可能明褒暗贬，或明贬暗褒，这就需要员工主动沟通或观察，以便更好地理解。

例如，当一位领导对下属说："你最近工作很努力，但是成果还需要加强。"这句话的字面意义是在表扬下属近期的辛勤工作，传达出对下属付出的认可。这种肯定对于鼓舞下属的士气和动力是有一定的正面影响的。然而，这句话另有一层深层含义。领导在这里使用了一个转折词"但是"，这意味着接下来的信息是与之前的信息相对立或是对其进行补充说明。在这个语境下，"但是"后面的内容"成果还需要加强"，实际上是在指出，尽管下属的努力值得肯定，但是在最终的工作成果上，还存在着不足，需要进一步提升和改进。

这样的表述方式，既能够避免直接否定下属的努力，又能够在不伤害下属自尊的前提下，提出建设性的批评。它暗示着领导对下属有更高的期望，希望下属能够将努力转化为更加显著的成效。这种含蓄的表达方式，既体现了领导的关怀和支持，又传达了对下属工作表现的期望，鼓励下属在未来的工作中，不仅要保持努力的劲头，更要注重工作的效率和质量，以期达到更好的工作成果。

有时候领导的话里有话，如果不仔细听，还真有可能听不明白。以下是一些常见的话里有话，通过了解这些话中话，可以更好地与领导进行沟通，也可以学会这样一种含蓄却充满智慧的表达方式。

例如，"我们要保持团队的和谐与稳定。" 其深层含义：不希望团队内部出现过多的冲突和分歧，希望成员们能够保持一致，维护领导者的权威和决策。

"个人利益要服从集体利益。" 其深层含义：在集体利益面前，个人的诉求和利益应当让步，这通常是要求员工为了公司的整体利益而牺牲个人的某些利益。

"我们要注重结果，过程不重要。" 其深层含义：虽然过程可能辛苦或充满挑战，但领导更看重最终的结果是否达到预期，过程中的困难和挫折可以被忽视。

"你是我最信任的人，所以我才会把这个任务交给你。" 其深层含义：这是对你能力和忠诚度的肯定，同时也暗示了你需要更加努力，因为领导对你有更高的期望。

"这个问题很复杂，我们需要慢慢解决。" 其深层含义：可能意味着这个问题涉及多方面的利益或关系，需要谨慎处理，也可能是在拖延时间，等待更好的解决时机或条件。

"公司最近发展很快，但我们也面临着一些挑战。" 其深层含义：在表达公司发展的同时，也暗示了公司当前存在一些问题或困难，需要员工们共同克服。

领导上台当众发言套路（技巧）

很多领导在需要当众发言的场合会陷入慌乱，因为不知道要说什么好，甚至有的提前准备了也不知该如何讲。

实际上，这种当众发言，都是有一定技巧的，可将其分为以下三步：

第一步，表示感谢。开场时可以表达对领导和听众的感谢，展示出谦虚和感恩的态度。

第二步，具体介绍自己的工作。简要介绍自己，详细介绍工作内容和成绩，突出重点，让听众了解你的工作内容和价值。

第三步，表达决心和对未来展望。展示出对未来的规划和决心，让听众对你接下来的工作充满期待和信心。

如果是在外面的场合，比如一些需要发言的活动中心，可以采用以下模板：

尊敬的各位来宾、同事们，大家好！

首先，我要感谢大家在百忙之中抽出宝贵的时间参加今天的会议。在座的每一位都是我们团队不可或缺的一部分，你们的辛勤工作和不懈努力是我们能够取得今天成绩的坚实基石。

　　我站在这里，不仅仅是作为一个领导的身份，更是作为我们团队的一员，与大家共同分享我们的成就和面临的挑战。过去的一段时间里，我们团队在各个领域都取得了显著的进步，这些成绩的取得，离不开大家的共同努力和团队精神的发挥……（讲述具体的工作）。

　　我们也清楚地认识到，面对未来，我们还有很长的路要走。市场的竞争日益激烈，客户的需求不断变化，这要求我们必须不断创新，不断提升我们的服务质量和产品竞争力。我们要以更加开放的心态，学习新知识，掌握新技能，以适应快速变化的环境。

　　在此，我想强调几点我们需要共同努力的方向：

　　第一，我们要继续加强团队合作，鼓励跨部门、跨领域的交流与合作，通过集思广益，激发团队的创新潜能。

　　第二，我们要持续关注客户的声音，深入了解他们的需求和期望，以便我们能够提供更加贴心、更加高效的服务。

　　第三，我们要不断优化内部管理，提高工作效率，确保每一个环节都能够高效运转，为团队的稳定发展提供坚实的后勤支持。

　　最后，我要感谢每一位同事的辛勤付出，正是因为有了你们的努力，我们的团队才能够不断前进。在未来的日子里，让我们携手并进，共创辉煌。

　　再次感谢大家，我期待与大家一起，迎接更加美好的明天。

　　谢谢大家！

此模板适用于各种正式场合的领导发言，可以根据实际情况做适当调整和补充。

有的时候，可能你只是在公司的内部会议室发言，面对的不是大众，而是熟悉的同事们，这里也有一套相应的模板：

尊敬的同事们，大家好！

　　首先，我要感谢每一位在座的同事，感谢你们的辛勤工作和对公司的付出。今天，我站在这里，不仅是作为我们团队的一员，更是作为负责人的身份，与大家共同探讨我们公司的现状以及未来的发展方向。

　　回顾过去，我们公司在各位的共同努力下取得了一系列令人瞩目的成就。这些成绩的取得，离不开大家的辛勤付出和智慧汇聚。在此，我要对大家表示衷心的感谢和崇高的敬意。

　　其次，我们也应该清楚地认识到，市场竞争日益激烈，客户需求不断变化，这对我们提出了更高的要求。我们必须保持清醒的头脑，不断创新，不断提高我们的服务质量和产品竞争力，以确保我们在市场中的领先地位。

　　展望未来，我们面临着许多机遇，同时也伴随着诸多挑战。为此，我们需要继续加强团队建设，提升团队协作力，确保每个部门、每个小组、每位员工都能发挥出更大的潜力。我们还需要加大研发投入，推动技术创新，以适应市场的快速变化。

呼吁大家，让我们携手并进，共同努力，为实现公司的长远目标而不懈奋斗。我相信，只要我们团结一心，就没有克服不了的困难，更没有达不成的目标。

最后，我希望每位同事都能够积极发言，提出宝贵的意见和建议。我们需要倾听不同的声音，这样我们才能更好地发现问题，解决问题，不断进步。

再次感谢大家的辛勤工作，让我们共同期待公司更加辉煌的明天！

谢谢大家！

根据具体情况调整上述模板内容，确保其符合企业的实际情况和领导的风格。

其实无论在什么样的场合，如果需要当众发言的，都是有一定技巧的，可以遵循本节一开始的三步走，简单来讲，就是"感谢听众—聚焦自己或部门的工作—展望未来"。

领导者讲话可少量使用"赘词"

很多人在职业生涯的早期阶段，当他们还是基层员工时，往往会对领导在讲话中频繁出现的停顿感到不解，甚至有些不耐烦。他们可能会注意到，领导在讲话时，会不时地插入一些"额……""这个……""那个……"等词汇，这种行为在他们看来，似乎是一种语言表达能力的不足。其实，这种观点并不完全正确。

这种看似不连贯的表达方式，并非是因为领导的语言表达能力有所欠缺，可能是一种讲话的策略。

首先，我们要明白，很多时候，听要比讲容易。因此，对于讲的人，就需要给自己留一点思考或组织语言的空间。

在深入探索语言传播的奥秘中，人类学家们揭示了一个有趣的现象。在古老的时代，当文字尚未普及，信息传递主要依赖于口头交流时，人们普遍采用了一种充满"赘词"的说话方式。无论是非洲大陆上那些充满韵律的童话故事，还是古希腊文明中那些流传千古的神话传说，都充斥着大量看似无关紧要的语气词和形容词。这些词语，虽然在表面上似乎并没有携带太多实质性的信息，但它们却承载着特定的功能。

那么，这些"赘词"究竟扮演着怎样的角色？经过深入研究，学者们发现，这些词汇的存在，实际上是为了有意地稀释信息的密度。这样做的目的，一方面是为了给予听众足够的想象空间，让他们在聆听的过程中能够自由地描绘出属于自己的画面；另一方面，也是为了给听众提供必要的喘息时间，使他们能够更好地消化和理解所接收到的信息。

这种现象并不仅仅局限于古代社会。即使在现代，我们仍然可以在各种场合观察到类似的情况。比如，当我们聆听评书艺人娓娓道来的故事，或是在相声表演中听到演员们巧妙的语言游戏，甚至是在课堂上聆听教授的精彩讲解，如果我们尝试将他们的话语逐字逐句地记录下来，就会发现其中充满了不少赘词。如果试图将这些赘词剔除，重新朗读这段内容，我们会发现，原本生动鲜活的表达可能会变得索然无味，甚至失去了原有的魅力。原因何在？这正是那些赘词为听众提供了宝贵的反应时间。

这就引出了一个重要的观点：一段话"听起来清楚"与"读起来清楚"是两种截然不同的体验。如果在口头表达中不留下足够的反应时间，即使文字本身读起来清晰明了，听起来也还是会让人感到困惑。这一点可以通过观察演讲时的实际情况得到验证。在演讲或公开发言时，如果留意观众的反应，你会发现，随着赘词数量的减少，你的讲话速度往往会加快，而听众的表情也可能会变得越来越疑惑。

因此，有时候，适当的"赘词"是必要的。它们是增强互动感、提升沟通效果的工具，是口头交流中不可或缺的调味剂。通过巧妙地运用这些看似无关紧要的词汇，可以使对话更加生动，让信息传达变得更加有效，从而在人际交往中取得更好的互动效果。

在某知名辩论节目中，某辩手以其独特的演讲风格和口头禅"对不对"而备受观众瞩目。这句看似简单的口头禅，实际上蕴含着深刻的演讲技巧。它不仅仅是一句表面上的废话，而是巧妙地为听众提供了一个思考的时间，让他们有机会去消化和理解她刚刚表达的观点。

当该辩手观察到听众的表情显得困惑或者需要更多的时间来理解时，她会利用这个时间窗口，进一步解释和阐述她的观点，确保听众能够跟上她的思路。这种演讲方式，不仅能够让信息更加顺畅地传达给听众，也能够使演讲者更好地掌握演讲的节奏，使演讲更加生动和有说服力。

某知名辩论节目中还有另一位辩手，他喜欢使用"你懂我意思吗"这样的口头禅。这样的"赘词"，其实是演讲者为了更好地与听众沟通，而精心设计的表达方式。它们的存在，并不是为了给演讲"灌水"，而是为了增强演讲的效果，使信息的传递更加高效。

在参加一些较为正式的场合时，比如商务会议、学术报告或者是重要的社交活动，我们通常会发现，使用那些日常对话中常见的口头禅，如"你知道吗""嗯""那个"等，会显得不够专业，甚至有些不恰当。这些习惯性的填充词在非正式的环境中或许能够帮助我们争取思考的时间，但在正式场合中，它们也会削弱自己言辞的严肃性和权威性。

那么，有没有一种方法可以在不使用口头禅的情况下，同样达到让听众跟上我们的思路，同时又能够提升我们的说话效果呢？答案是肯定的。一个简单而有效的技巧就是，在我们表达观点时，在句子与句子之间故意增加一点停顿。这样的停顿，虽然看似微不足道，但实际上却有着多重功效。

其一，适当的停顿可以为听者提供宝贵的思考时间，使他们能够更好地消化和理解你的观点。这种节奏的变化有助于抓住听众的注意力，让他们更加专注于你的演讲内容。

其二，通过控制语速和加入恰当的停顿，你可以有效地引导听众的思维，使他们跟随你的思路前进，从而建立起一种思维上的连贯性。

其三，这种有意识地控制语言节奏的能力，还会在无形中增强你的自信，让你显得更加镇定自若，从而在听众心中树立起你的威信和权威。

坚决不搞"一言堂"

在现代企业结构中，位于金字塔顶端的高层领导们，往往拥有着对公司经营决策的重大影响力。他们手握公司的大部分经营权，决定着公司的方向和未来。然而，因为这种权力的集中，很多领导者往往会陷入一种"一言堂"的管理陷阱，他们不愿意听取下属的意见和建议，总是坚持自己的观点，认为自己的意见就是公司的核心，对于不认同或者不愿意执行的人，他们会采取"我的意见就是核心，不愿意干走人"的态度，将自己的情绪和权力发挥到极致。

这种"威权"式的管理方式，虽然可以在短时间内实现领导的决策和目标，但是从长远来看，却会让企业管理者成为一个孤立的存在，他们就像一只只离群的孤雁，失去了与员工的联系和互动。而且，这种高高在上的态势，会让他们失去员工的信任和尊重，因为现在的员工更加注重的是平等、公正和尊重，他们不希望被命令和威胁，而是希望能够参与到公司的决策和运营中来。

对于领导者来说，"一言堂"的做法不仅是一种在他们与员工之间划定明确界限的障碍，更是一种对员工的打击和对其积极性的挫伤。这种做法，无疑是在双方之间筑起了一堵无形的墙，使员工感到自己与企业领导者之间有很大的距离，会有一种隔阂感。当员工的积极性被这样的做法所挫伤，他们就会开始产生对抗的情绪，这种情绪会在日常工作中逐渐积累，甚至在管理者想要征求他们的意见时，他们也会因为之前的不愉快经历而反应冷淡，而不愿意继续参与。

在企业规模逐渐扩大的过程中，企业将要面临的不确定因素也会逐渐增多，这些因素可能来自市场环境的变化，也可能来自企业内部的各种问题。在这种情况下，管理者一个人的智慧毕竟有很多局限性，领导者无法预见所有可能出现的问题，也可能无法找到解决这些问题的最佳方案。因此，如果领导者不能对出现的问题有一个全面的考虑，反而还是坚持自己的"一言堂"做法，向员工展示自己的"威权"，那么最终，在执行决策的过程中，员工很有可能会敷衍了事，甚至还可能会让整个企业的竞争力大大削弱。

当员工觉得自己的意见和想法被忽视，他们的工作积极性就会被挫伤，就可能会开始敷衍了事，不再全心全意地投入工作中，这将直接影响到企业的工作效率。当员工觉得自己的价值被忽视，他们也可能会选择离开，将导致企业的人才流失，从而影响到企业的竞争力。

在微软这个全球知名的科技巨头中，创始人比尔·盖茨非常推崇并积极倡导一种民主的工作氛围和主人翁精神。他坚信，每一位员工都是公司的重要资产，都应当被赋予足够的权力和责任。因此，他提出了一个独特的管理理念，将每一位员工都设定为一个虚拟团队的"Owner"，在这个团队内，每一位员工都被赋予了领导者的角色，团队成员之间相互协作，自我管理，共同推动团队的发展。

在这种管理模式下，微软的中层领导者的角色也发生了变化，他们不再是传统意义上的领导者，而是成了"Owner"的教练，他们的任务是教会每一位员工如何有效地管理和领导虚拟团队，帮助他们解决工作中遇到的问题，提供必要的支持，以帮助他们成功。

在微软的管理层，高级经理们常说的并不是"你应该做什么"，而是"我能为你做什么"。这不仅仅是一种语言上的改变，更是一种理念上的创新。这表明，在微软，管理者不再是高高在上的命令者，而是员工的支持者和服务者，他们的目标是帮助员工解决问题，提供必要的资源和支持，让员工能够更好地完成工作。

由此可见，民主不仅仅是一种政治制度，更是一种管理理念。如果每一位员工都能够发挥出自己的主人翁精神，都能够在自己的岗位上发挥出最大的价值，那么公司就能够获得真正的成功。

在一个复杂的组织环境中，领导者的角色并不仅仅是一个决策者，而更多的是一个协调者和引导者。在这样的环境中，你需要依赖的是民主的力量，而不是简单地"一个人说了算"。这种民主方式不仅能够保证决策的公正性，也能够增强员工的工作积极性和满意度。

在很多情况下，你需要赢得员工的心，同时也需要在工作上保持较高的工作效率。这就要求你在处理问题时，不能仅仅只依靠自己的观点和想法，还应该认真对待和尊重每一位员工的想法和建议。因为每一个员工都是组织的一部分，他们的想法和建议往往能够反映出组织的真实情况，这对于管理者来说，是非常宝贵的信息。

当管理者认真对待和尊重员工的想法时，这实际上是在无形中给了员工认可，这种认可对于员工来说，是一种极大的鼓励。同时，这种方式也能够帮助管理者更好地总结问题，因为管理者可以从员工的想法中得到更多的信息，从而使得问题的总结更加全面和深入。

领导坚决不搞"一言堂"是一种积极的、科学的领导风格，意味着领导愿意倾听下属的意见和建议，重视团队成员的参与和贡献。这种做法有助于激发团队成员的创造力和积极性，促进团队的合作和达成共识。坚决不搞"一言堂"可以建立开放、包容的工作氛围，让团队成员感到自己的声音被重视，从而增强团队凝聚力和执行力。

在实践中，领导坚决不搞"一言堂"可以通过以下方式来落实：

第一，鼓励团队成员发表意见和建议，提供一个开放的沟通平台，让每个人都有机会表达自己的想法。

第二，建立有效的反馈机制，及时回应团队成员提出的问题和建议，让他们感受到自己的声音被听到和重视。

第三，促进团队内部的协作和讨论，鼓励团队成员之间进行交流和合作，共同解决问题和实现目标。

第四，建立良好的决策机制，确保决策过程公开透明，让团队成员了解决策的依据和过程，增强团队成员对决策的认同。

怎么打造"狼性"团队

Part 05

"狼王"作为团队的领头者，需要具备哪些素质

在当今竞争激烈的商业环境中，许多领导者都怀揣着一个共同的目标：打造一支充满"狼性"的团队。这样的团队被认为具有强烈的进取心、高效的执行力和不断追求成功的精神。为了实现这一目标，他们往往会采取一系列的管理手段，其中最为常见的就是制定各种关键绩效指标（KPIs）来考核员工的表现，并通过这种考核机制来不断地激励下属，希望他们能够像狼一样勇往直前，不畏艰难。

在这种看似合理的管理策略下，却隐藏着一个容易被忽视的问题。那就是很多领导在追求狼性团队的过程中，往往忽略了一个重要的前提：作为团队的领头人，他们自己必须先具备"狼王"的风范。"狼王"不仅是群体的领导者，更是群体的楷模。他们需要以身作则，展现出领导力和决断力，而不是表现得懒散，没有引领团队前进的动力。

"狼王"的形象是强大而有力的，他们是团队的核心，是团队成员学习和效仿的对象。如果领导者自身缺乏这种"狼王"的气质和行为，那么无论他们如何强调KPI，如何激励下属，

团队都很难真正拥有"狼性"。因为团队成员会从领导者的行为中寻找方向，如果领导者自己都不能展现出狼性，那么团队又怎能成为真正的"狼性"团队呢？

要记住，"狼性"团队的领导者必须是"狼王"，而不是"绵羊"。只有"狼王"才能引领团队走向辉煌，而羊式领导只会让团队失去方向，变得软弱无力。领导者的行为和态度，将直接影响团队的氛围和文化，因此，成为狼王，是每一位渴望打造"狼王"团队的领导者的首要任务。

在自然界的丛林法则中，狼群的生存和繁衍离不开严密的社会结构和团队协作。作为狼群的领袖，"狼王"的地位并非孤立无援的象征，而是群体力量的核心。狼群中的每个成员都扮演着不可或缺的角色，从地位仅次于狼王的大狼，到负责领路和探路的头狼，再到力大无穷的巨狼，以及那些普通但至关重要的狼群成员。正是这些不同角色的紧密合作，才使得狼群成为一个高度协调、战斗力强大的集体。

将这种自然现象映射到商业世界，对于一位老板或企业领导者来说，要想在商海中乘风破浪，同样不能孤军奋战。你需要明确自己的领导地位，就像"狼王"一样，确立自己在企业中的权威和领导作用。当然，单凭个人的力量是远远不够的。要想让企业在激烈的市场竞争中脱颖而出，就必须通过科学的方法来招募和管理人才，构建一个高效能的团队。

这个团队应该由各种人才组成，包括拥有专业技能的"大狼",能够带领团队开拓市场的"头狼",以及在关键时刻能够提供强大支持的"巨狼",还有那些在日常工作中勤勤恳恳、默默奉献的普通团队成员。只有确保了这样的人才结构,企业才能在商战中拥有足够的竞争力,才能真正发挥出"狼王"的领导力。

在狼群中,"狼王"的地位并非仅仅基于其单一的能力,而是基于其全面的综合实力。"狼王"可能不总是在速度、力量或敏捷性等单一方面的能力上占据绝对优势,但它在整体实力上无疑是狼群中最出色的。"狼王"通常具备多种狼性特征,如机敏、强悍和机智,这些特质使得狼王能够在复杂的生存环境中迎接各种挑战。

在狼群中,还有其他类型的狼,如大狼、巨狼和头狼,它们或许在某些方面,如战斗力,能够与狼王相抗衡。可是,当涉及智慧和其他多方面的能力时,它们往往不如"狼王"。这一现象在商业世界中也有所体现。

在商业领域,身为老板或领导,拥有强大的综合实力是成为"狼王"的基础。有句古语:"一将无能,累死三军",意味着领导者的无能会导致整个团队的失败。另一句则是,"一只绵羊带领的一群狮子,敌不过一头狮子带领的一群绵羊",一针见血地点出了领导力对团队发展的关键作用。你可能在某一方面的能力,比如业务技能上不如某些下属,但作为领导者,你的综合实力要出类拔萃。

这种综合实力包括领导能力、决策能力、人际交往能力和战略眼光等。如果领导者在这些方面不够强大，那么就很难赢得团队的尊重和忠诚，也难以留住那些真正有才华的员工。因此，无论是在自然界的狼群中，还是在商业世界里，领导者的综合实力都是决定其能否成功领导和管理团队的关键因素。

身为狼群的领袖，"狼王"的角色并非仅仅依赖于强悍的战斗力。实际上，更为重要的是其卓越的大局观和坚定的决断力。"狼王"必须具备敏锐的洞察力，能够从纷繁复杂的信息和情报中，迅速分析并判断出猎物可能出现的具体位置和最佳捕捉时机。这种决策不仅要迅速而坚定，更要具有前瞻性，确保每一次的捕猎行动都能成功。

对于一位老板或领导来说，要想在商海中驾驭风浪，成为一名出色的"狼王"，同样需要培养和提升类似的大局观和决断力。这种决断力不仅要体现出果敢和力量，更要展现出超前的战略眼光。在此基础上，领导者还需要做出明智而及时的决策。只有这样，才能在经营和竞争中占据主动，把握市场的先机，有效地规避风险，引领自己的团队或企业在激烈的市场竞争中不断取得胜利。

如何让团队成员始终有向前奔跑的动力

当动物或者人吃得过饱，他们往往会有一种满足感和困倦感，这种感觉会在很大程度上减少他们进行身体活动的动力。在这种情况下，无论是动物还是人类，都会失去那种通常伴随着饥饿感而来的紧迫感，而这种紧迫感才是能驱使他们去移动、奔跑和探索的动力。

因此，当他们吃得太饱时，他们的身体可能会倾向于寻求休息，而不是积极地参与运动或追逐。

过度的满足和舒适可能会削弱人向前的动力和进取心。当一个人得到了太多的好处或奖励时，可能会导致他们变得懒怠，缺乏动力，不再努力追求更高的目标。这也暗示着适度的挑战和压力可以激发人们的动力，促使他们保持前进。

因此，要想保持团队始终充满干劲与活力，就不能将他们"喂"得太饱。

这并非意味着要通过克扣团队成员的奖金让他们"饿"着，而是要让他们持续有目标。

在管理一支团队或者激励员工的过程中，领导者需要掌握一种微妙的平衡艺术。这种平衡体现在如何恰当地给予奖励和认可，以激发员工的积极性和创造力，同时又不能过分地奖励，以至于员工满足当下现状，失去了进取心和前进的动力。

适量的挑战和适度的压力是推动员工成长和进步的重要因素。它们能够激发员工的潜能，帮助他们保持对工作的热情和动力，同时培养他们在激烈的竞争工作环境中保持竞争力。当员工面临挑战时，他们会走出舒适区，寻找新的解决方案和创新方法，这不仅有助于个人能力的提升，也促进了整个团队的发展。

因此，作为管理者，要有责任根据每个员工的具体表现和个性化需求，设计并实施一套合理的激励体系。包括对那些业绩突出、贡献显著的员工给予适当的奖励，以表彰他们的努力和成就；同时，也应该为员工提供适当的挑战和机会，比如分配更具挑战性的项目，提供专业培训和发展机会，鼓励他们承担更多责任，以此来激发他们追求卓越、不断进步。

通过这样的激励措施，不仅能够维持团队的活力，还能够激发团队的创造力。员工在一个既充满挑战又得到适当支持的环境中，更有可能发挥出最佳水平，共同推动团队向着更高的目标前进。总之，管理者的任务是通过精心设计的激励策略，创造一个既能激发员工潜力，又能保持团队长期稳定发展的良好工作环境。

为了激发团队成员的斗志和积极性，可以设立具体、可衡量和具有挑战性的目标。这些目标不仅能够为团队提供明确的方向，还能激励成员们为实现这些目标而努力。在制定目标时，重要的是要确保这些目标，与团队成员的个人目标和价值观相契合，这样他们才更有动力去追求和实现这些目标。当然，相应的物质奖励与精神奖励也要跟上，不能光有挑战而没有回报，否则团队成员会在疲惫中陷入饥荒，反而丧失战斗力。

除了设立目标，树立荣誉感也是一种有效的方式。通过表彰优秀员工，可以激发其他成员的工作动力。这种认可和奖励不仅可以提高员工的士气，还可以增强团队的凝聚力和合作精神。

尊重感和信任感也是重要的因素。要让团队成员感到被信任和重视，给予他们一定的自由和发挥空间，有助于激发他们的工作热情和积极性。当员工感到自己的贡献被认可和尊重时，他们会更加投入工作中，并且愿意为团队的成功而努力。

最后一点，作为团队的领导者或核心成员，领导者的行为和态度对提升团队的整体工作氛围和效率有着不可忽视的作用。因此，需要通过自己的实际行动来树立标杆，展示出积极向上的态度和专业的行为准则，以此成为团队成员学习和效仿的榜样。这种榜样力量能够激励团队成员追求卓越，不断进步。

在这个过程中，还需要密切关注团队成员的个人发展。了解他们的职业目标、生活状况和个人需求，这样领导者才能更好地帮助他们实现工作与生活的平衡。当团队成员感到他们的个人需求被重视和支持时，他们更有可能在工作中投入更多的热情和精力。

为了实现上述目标，还可以采取一系列的措施，比如定期与团队成员进行一对一的交流，了解他们的职业发展计划和生活状况，提供必要的资源和帮助，比如灵活的工作安排、职业发展培训或者心理健康支持等。同时，建立一个开放和包容的团队文化，鼓励成员之间的相互支持和合作，这样可以增强团队的凝聚力和战斗力。

狼性团队狠狠抓：4个零、4个查、9个度

4个零：零借口、零拖延、零返工和零扯皮

● 零借口

在企业管理和个人发展中，培养员工的责任感和担当精神是至关重要的。这不仅是对个人职业素养的提升，也是对整个

团队效能的增强。当面对挑战和问题时，员工应该具备勇敢面对的态度，而不是寻找各种借口和理由来规避问题。

在工作过程中，如果犯了错误，首先要学会承认并接受。这是对自己行为的负责，也是对团队的尊重。推卸责任，将问题归咎于同事，不仅不能解决问题，反而会破坏团队的凝聚力和信任感。这样的行为，长久下去，会对团队的整体执行力产生负面影响。

一支没有责任心的团队，其执行力必然会受到质疑。因为在执行力的背后，是每一位团队成员的责任和担当。只有当每位团队成员都能够对自己的工作负责，对团队的目标承担责任，团队的执行力才能得到真正的提升。

因此，作为管理者，必须坚持"零借口"的原则。这意味着，在任何情况下，都不能为失败找借口，要勇于承担责任，敢于面对挑战。只有这样，才能真正提升团队的执行力，推动企业的发展。

● 零拖延

拖延症是一种常见的心理现象，它往往会对个人的执行力产生极大的负面影响。当我们在面对任务或决策时，如果不能迅速采取行动，就会导致不必要的损耗。这些损耗可能包括时间、人力和物力等资源，而拖延的程度越严重，公司的损失也就越大。

拖延症不仅会浪费宝贵的时间和资源，还可能导致项目进度延误、工作效率低下，甚至错失重要的商业机会。因此，对于团队领导者来说，要确保员工在工作中克服拖延症，成为一项很重要的任务。

要解决拖延症问题，首先需要建立一个高效的执行机制。军事化的行动计划可以成为一种有效的方法，通过统一的指挥和协调，确保团队成员能够迅速响应指令并付诸行动。这样的行动方式可以帮助团队保持高度的纪律性和执行力，从而提高工作效率和成果。

统一指挥是确保团队行动一致的关键。当领导者能够清晰地传达目标和计划，并确保每个成员都明确自己的职责和任务时，整个团队就能够更好地协同合作，避免信息不对称和沟通不畅所带来的混乱和延误。

统一步调也是团队成功的重要因素之一。当团队成员能够在同一节奏下工作，相互配合，共同推进项目进展时，就能够更有效地利用资源，减少重复劳动和无效努力。这种工作方式有助于提高整体效率，确保项目按时完成。

◉ 零返工

既然你和你的团队已经下定决心要去做一件事情，那么就必须全力以赴，确保做到最好。你不能以轻浮的态度去对待它，更不能以敷衍的方式去完成它。工作的重要性不容忽视，如果你没有取得一个令人满意的结果，那么你之前付出的所有努力可能会变得毫无意义，最终，你可能需要重新再做一遍。

重复做的次数越多，公司的损失就越大。因此，在工作过程中，领导必须发挥监督的作用，对下属进行指导和约束，防止他们偷懒、耍滑，或者抱有侥幸心理。

你要给予下属必要的指导和支持，帮助他们克服工作中的困难和挑战。你可以提供培训和资源，以确保他们具备完成工作所需的技能和知识。此外，你还可以建立有效的沟通渠道，鼓励团队成员之间的合作和交流，以便更好地协调工作进展。

在工作过程中，领导还应该密切关注下属的工作进展，及时发现问题并采取措施解决。你可以定期与下属进行工作评估和反馈，帮助他们改进工作方法和提高工作效率。如果发现相应问题，要及时纠正并采取相应的纪律措施，以维护团队的整体利益。

◉ 零扯皮

在组织管理和团队协作中，确保权责明确是至关重要的。通过明确每个员工的职责范围和工作职责，可以有效地避免因职责不清而引发的责任推诿现象。当每个员工都清楚地知道自己的工作职责时，他们就能更加专注地完成自己的任务，不会因为不明确的责任边界而产生不必要的争执。

一旦在工作中出现了问题或错误，如果每个员工的职责都已经明确到位，那么问题的源头和责任人就会变得非常清晰。这种情况下，无需花大量时间和精力去争论，因为责任归属已经一目了然。这种明确的责任制能够大大减少解决问题的时间和成本，从而提高工作效率。

当明确了责任人后，可以采取及时的纠正措施，或者对责任人进行相应的处罚。这种及时的处理方式能够有效地维护组织的纪律和秩序，同时也能够让其他员工看到责任制度的重要性和严肃性。这样的处理方式不仅能够解决当前的问题，还能够起到警示作用，防止类似问题再次发生。

4个查：查方案、查进度、查配合和查结果

● 查方案

在工作布置之后，作为领导者的职责不仅仅是下达命令，更重要的是去监督和检查下属如何将你的战略方向具体化并付诸实践。如果下属只是简单地转述你的指令，而没有将其分解成可执行的步骤，那么工作的推进必然会受阻，因为缺乏具体的行动计划，所以目标无法实现。

领导的角色在于明确指出前进的方向，但在战场上真正的

胜利还要依赖详尽的作战计划和实际行动，这就需要下属们能够理解战略意图，并将其转化为实际的行动，而不是仅仅停留在口头上的宣誓或者表达忠诚上。

在审查下属的方案时，需要你仔细分析方案中的每一个细节，确保它们都是正确可行的。如果发现方案中存在问题，要及时提出并给予指导，这不仅可以帮助下属修正方向，还能节约时间和精力。

● 查进度

作为一名领导者，在管理工作项目时，需要从宏观的角度对项目的进度进行把控。这并不是要求你深入到每一个细节中去，而是需要你在关键的里程碑节点上给予足够的关注。这样做的目的是确保团队中的每一个成员都能保持高效的工作状态，避免出现懈怠的心理，也防止他们在项目时间即将截止前才开始匆忙赶工。

这种宏观的把控并不是对下属的不信任，而是一种必要的管理手段。作为领导者，你需要像一位舵手一样，时刻关注船舶的航向。只有这样，才能确保整个团队能够在正确的轨道上前进，避免偏离预定的目标。

在这个过程中，领导者需要具备良好的判断力和决策能力，能够在关键时刻做出正确的决策，引导团队走向成功。同时，也需要具备良好的沟通能力，能够及时与团队成员进行有效的沟通，了解他们的工作进度和遇到的困难，给予必要的支持和帮助。

● 查配合

在任何一个成功的团队中，每个成员都扮演着自己独特的角色，他们各司其职，相互之间协作、配合、互相补充，利用各自的长处来弥补彼此的短板，这样才能够确保每个人都能发挥出自己的最大潜能，为团队的整体目标贡献力量。

作为团队的领导者，你有责任确保团队成员之间的配合默契，通过合理的监督和检查，确保团队的工作协调一致，不要出现前线成员在奋力作战，而后勤支持却跟不上的情况。如果后方不协调，不能及时提供必要的资源和支持，甚至在关键时刻散布谣言和不实之词，这将严重破坏团队的凝聚力，导致团队的功能失调，甚至崩溃。

随着团队成员数量的增加，统一团队的思想和行动变得更加重要。如果团队成员各自为政，心中都有自己的小算盘，而不是为了共同的目标而努力，那么团队就很难取得成功。在工作中，要将个人的智慧和力量融入到团队中去，只有这样，大家才能齐心协力，共同完成团队的任务。

● 查结果

在项目的最后阶段，当所有的工作都接近尾声，进行成果验收这一关键环节时，作为团队的领导者，你有责任亲自参与并严格把控这一过程。这不仅是因为最终的成果直接反映了你的领导力和团队的整体输出，同时也是你向上级管理层汇报工作时的主要依据。

如果你对项目的细节不够上心，或者对团队在项目中的具体进展和成果缺乏深入了解，那么在向上司汇报时可能会遇到阻碍。你可能会被问到一些细节问题，如果没有准备好，你会发现自己可能无法给出令人满意的答案，这无疑会影响你在组织中的形象和信誉。

更重要的是，如果没有亲自把关，可能会导致工作质量下降，工作方向出现偏离或混乱，员工士气低落，错失发现问题和改正工作的机会。因此，领导在工作中亲自关注和把关是非常重要的。

9个度：工作的"态度"、落实的"速度"、目标的"精度"、执行的"力度"、方法的"巧度"、视野的"高度"、做事的"细度"、团队的"风度"和做人的"硬度"

● 工作的"态度"

有位企业家曾提出："我个人认为，我们输给人家的地方是生活以及工作的观念和态度。"这句话揭示了成功的关键所在。他认为，一个人的态度决定了他是否能够成功，而不是在成功之后才去改变自己的态度。

这番话道出了一个简单而深刻的道理：成功并非偶然，而是源于一个人正确的态度和观念。一个总是找借口的人，他的心中充满了逃避和推诿，这样的人很难全力以赴，因为他总是在为自己的失败寻找理由，而不是为成功寻找方法。他的心态决定了他的行为，而这样的行为，往往会导致失败。

同样，一个整天抱怨的人，他的心中充满了不满和怨气，这样的人很难用心去工作。他总是在抱怨环境、抱怨他人，却从不反思自己。他不知道，真正的成功，是需要用心去追求，需要付出努力和汗水的。他的抱怨，只会让他失去前进的动力，最终一事无成。

● 落实的"速度"

某公司CEO曾经深刻地指出："速度是成功的关键，它是在激烈的市场竞争中立于不败之地的至关重要的因素。"

在当今这样一个快节奏的时代，"时间就是金钱，效率就是生命"。因此，打造一种狼性的执行力变得尤为重要。这种执行力的核心理念可以用3个简洁有力的行动指令来概括："立刻办""马上做""现在就行动"。这3个词汇，不仅仅是口头上的号召，它们代表的是一种立即行动、毫不犹豫的决心和态度。

相反，那些犹豫不决、拖延时间的表达，如"我考虑一下""我再想想""我们再研究研究"，有可能是缺乏决断力和执行力的表现。这种迟疑不决，往往会让机遇悄然溜走，而让竞争对手抢先一步，从而失去原本可以把握的优势。

我们要明白，行动永远比想法更重要。一个好的想法如果仅仅停留在脑海中，而不付诸实践，那么它永远只是一个想法，永远不会转化为实际的成果。因此，当我们有了想法时，不要犹豫，不要拖延，要立即将其转化为具体的行动，然后迅速执行。

◎ 目标的"精度"

在执行任务的过程中，许多问题的出现往往是由于目标的缺失或者目标的不明确。这种情况就好比是在军事作战中下达命令，如果没有明确的目标和计划，那么执行起来就会充满困难。举个例子，如果指挥官只是简单地下达命令："你去攻占那个山头"，这样的指令虽然看似明确，但实际上却缺乏具体的执行细节。相比之下，如果指挥官能够进一步明确指示，比如说"你需要在六点之前攻占那个山头"，这样的命令就比上一个更加具体和清晰了。

后者的命令不仅明确了目标，还设定了一个具体的时间限制。它不仅让下属知道要做什么，还让他们知道何时需要完成这个任务。这样的目标清晰，使得下属能够更好地规划自己的行动，同时也感受到了完成任务的紧迫性。

因此，无论是在军事行动中，还是在日常工作中，给任务设定一个明确的"时间期限"是很有必要的。这样做的好处有很多：一是它能够帮助下属明确优先级，知道哪些任务需要优先处理；二是它为任务的完成提供了一个清晰的框架，使得下属能够在这个框架内有效地安排自己的时间和资源；三是它还能够在团队中建立起一种紧迫感，促使每个人都能够更加专注和高效工作。

● 执行的"力度"

力度，这个词在很多情境下都被提及，但究竟什么是力度呢？简单来说，力度就是指工作的专注程度、决心和努力的程度，以及对目标的执着和投入程度。无论是面对工作挑战还是追求个人目标，如果我们能够投入全部的精力，不遗余力地去努力，去实践，那么我们就有可能收获一个令人满意的结果。

可是，要持续保持这种高强度的执行力并非易事。人们往往会因为各种外界因素或内心的惰性而有所松懈。因此，为了保证执行的力度，我们必须建立一套有效的引导和鞭策机制。这样的机制可以帮助我们在遇到困难和挑战时，不放弃，不退缩，继续坚持，继续前进。

某位管理学家曾明确指出，执行力缺乏力度的根本原因在于痛苦和付出的程度不够。换句话说，当我们对某件事情成功的渴望不够强烈，当我们不愿意为之承受相应的痛苦和挑战时，我们的执行力自然就会减弱。因此，如果我们想要在某个领域做到最好，那么我们就必须付出更多努力和承受痛苦。

● 方法的"巧度"

在广受欢迎的电视剧《亮剑》中，有两位性格迥异的军人角色：程瞎子和李云龙。他们在战场上的战术风格有着显著的差异，这些差异不仅体现了他们各自的性格特点，也反映了不同的军事指挥艺术。

程瞎子，一位以严谨著称的指挥官，在战术风格上勇猛直接，偏重正面进攻，在战术选择上相对保守。在作战时，他倾向于通过制订详尽的计划和周密的准备来确保战斗的胜利。程瞎子强调纪律和命令的严格执行，他的战术布局往往是建立在对敌情精确分析的基础上，力求每一步都稳妥可靠。

相比之下，李云龙则是一个充满个人魅力和冒险精神的领导者。他的战术风格更加灵活和大胆，常常以出人意料的行动和策略来取得战斗的优势。李云龙擅长根据战场形势的变化迅速调整战术，他不拘泥于常规，敢于走险棋，往往能够在不利的情况下逆转战局。

这两种截然不同的战术风格引发了关于执行力本质的讨

论。有人可能会认为执行力就是简单地按照既定计划行事，即所谓的"蛮干"。可真正的执行力远不止于此。它是一种更为复杂和高级的能力，涉及对情况的快速判断、对资源的合理调配，以及对计划的灵活调整。这种执行力是"巧干"，它要求执行者不仅要有坚定不移的决心，还要具备创造性思维和临场应变的能力。

"巧干"意味着在执行任务时，能够根据实际情况进行创新和变通，而不是机械地重复既定的模式。它要求执行者具备高度的洞察力，能够识别出哪些是可行的方案，哪些需要调整。"巧干"还体现在执行者能够激励和带领团队，共同克服困难，实现目标。

当我们说执行力不是"蛮干"，而是"巧干"，甚至是"创造性地干"时，我们强调的是执行过程中的智慧、灵活性和创新能力。这些能力的结合，使得执行不仅仅是对命令的忠实遵守，更是对目标的高效实现。在《亮剑》中，程瞎子和李云龙的不同战术风格，正是这种执行力多样性的生动体现。

◉ 视野的"高度"

对于普通员工而言，所谓的高度并不是指在职业阶梯上攀升到多么令人瞩目的位置，也不是要求他们必须具备多么超凡的远见卓识。这里所说的高度，指的是具备一种大局意识，即能够超越个人的工作范畴，理解和认识自己在整个团队和组织中的角色和作用。这种大局意识在日常工作中的体现，就是员工是否能够展现出与团队成员相互配合的精神，是否能够在共同的目标下协同工作，共同面对挑战。

作为领导者，需要清楚地认识到，团队的健康发展依赖于每一位成员的积极参与和有效合作。如果一个员工始终以自我为中心，缺乏对团队整体利益的考虑，不愿意与他人沟通协作，那么这样的员工就可能成为团队发展的障碍。他们就像团队中的"毒瘤"，不仅阻碍了团队的进步，还可能影响整个团队的士气和工作效率。

在这种情况下，领导者需要做出明智的决定。就像三国时期诸葛亮在关键时刻挥泪斩马谡一样，领导者有时也需要采取果断措施，即使这当中可能伴随着痛苦和不舍。当一个员工的存在已经严重影响整个团队的和谐与效率时，领导者应当勇敢地做出决策，以保障整个团队的利益和长远发展。

● 做事的"细度"

细度，通常被理解为对事物细节的关注和处理程度。它强调的是在执行任务或管理过程中，对于每一个微小部分的精确把握和深入挖掘。细节的重要性往往体现其潜在的影响力上，这种影响力可以用下面的一个定律来说明，"即便是1%的错误，也有可能引发100%的失败"。这意味着，无论在哪个领域，忽视细节都可能导致整个工作进程功亏一篑。

日本著名企业家松下幸之助的成功在很大程度上得益于对细节的深刻理解和严格把控。在他看来，经营企业，是许多环节的共同运作，差一个细节，就会使整个失败。企业的成功与否，不仅仅取决于战略的制定和市场的把握，更在于日常运营中对每一个小环节的精细管理。

细节的含义远远超出了简单的完成任务。它告诉我们，仅仅"做了"并不等同于"做好"。在这个意义上，细节不仅关乎质量，更关乎态度和责任感。它要求我们在面对任何工作时，都要追求卓越，力求完美，而不是仅仅满足"表面的完成"。这种对细节的追求，是对精益求精的执着，是对完美的不懈探索。

在实际应用中，无论是产品设计、客户服务还是内部管理，细节都是区分优秀与平庸的关键因素。一个精心设计的产品，一个周到的服务，或者一个严密的管理流程，都是细节处理得当的结果。因此，对于想要取得成功的个人或组织来说，关注并优化细节是不可或缺的。

◯ 团队的"风度"

风度，通常被视为一种外在优雅的表现，实际上更是一种内在的担当精神。这种精神是个人责任感和勇气的体现，它要求我们在面对挑战和责任时能勇于站出来，承担起应有的职责。然而，并非每个人都能展现出这种担当精神。有些人在遇到问题时，往往第一时间选择逃避，不敢承担责任，这样的行为模式通常会有以下三种具体的表现：

第一，这些人往往会在团队中扯皮，即在问题出现时，他们不是寻找解决方案，而是推卸责任，试图将问题归咎于他人，以逃避自己应负的责任。这种行为不仅无助于问题的解决，反而会消耗团队的精力，影响团队的凝聚力。

第二，缺乏担当精神的人往往不会主动去做事。他们习惯于等待别人的指示和命令，而不是主动思考和行动。这种被动的态度使得他们在工作和日常生活中缺乏积极性，容易导致错失解决问题和提升自我的机会。

第三，这些人也不太可能去做超出自己职责范围之外的事情。因为他们深知，做的事情越多，犯错的风险就越大。为了避免可能的错误，他们选择尽量少做，保持一种表面的"安全"。可是，这种保守的策略也限制了他们的成长和团队的进步。

这一类人，由于缺乏担当精神，很难拥有强大的执行力。他们的行为模式不利于个人和团队的发展，因此，要想改变这种状况，可以试图转变他们的思想。我们必须认识到，勇于承担责任，主动寻找解决方案，多想多干，才能提升自身能力，增强团队的执行力。如果一个人无法实现这种思想上的转变，那么他可能会面临被换岗或辞退的风险。

做人的"硬度"

硬度，它不仅仅是一个物理概念，更是一种精神的象征。它是一种代表着坚持不懈、永不言弃的精神状态。正如通用电气的伟大创始人托马斯·爱迪生所言："我们最大的弱点在于放弃。成功的必然之路就是不断地重来。"

在追求目标的过程中，我们都会遇到各种各样的困难和挑战。这些困难和挑战，就像是一座座高山，成为我们前进道路上的阻碍。有时候，我们可能会因为各种困难而感到沮丧，甚至有想要放弃的念头。但是，我们必须明白，这些都是通往成功的必经之路。只有通过不断地尝试，不断地重来，才能最终达成我们的目标。

执行的过程，无论是对个人还是企业，都是充满挑战的。在这个过程中，我们免不了会遇到一时的挫折或失败。这些挫折和失败，可能会让我们感到痛苦，甚至让我们怀疑自己。但是，我们不能因此而放弃。我们必须坚定我们的信念，坚持追求我们的目标，坚守我们的梦想。

我们要拥有永不放弃的精神，这样才能在困难面前能继续坚持下去；拥有永不放弃的精神，我们才能在失败面前重新站起来；拥有永不放弃的精神，我们才能在挫折面前继续前行。

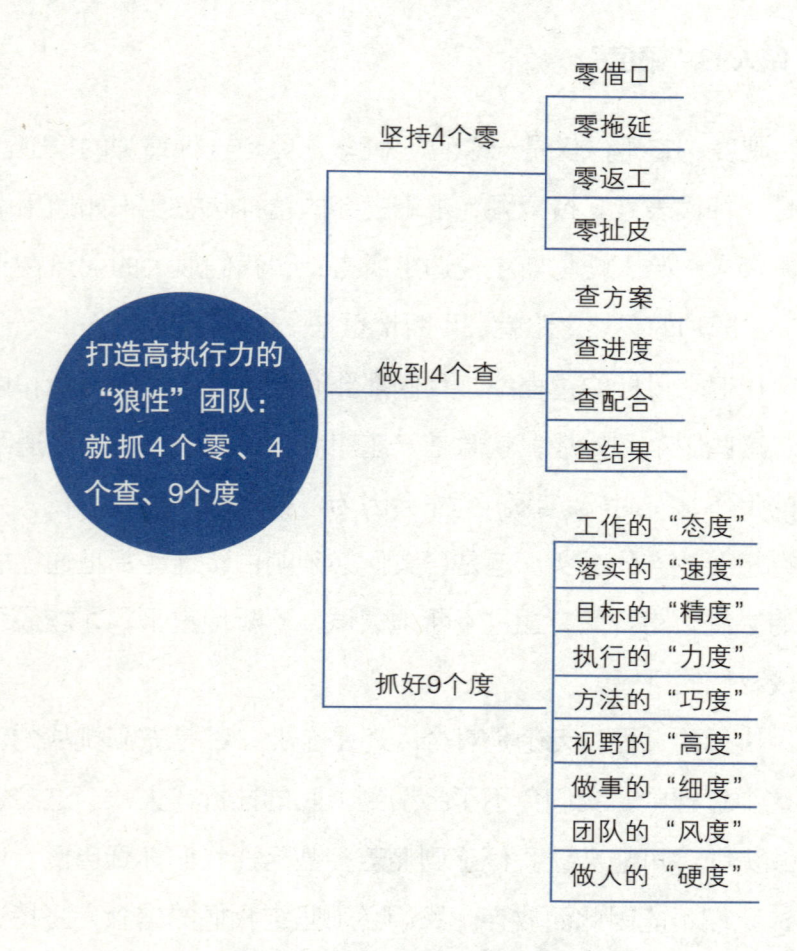

打造高执行力的"狼性"团队：就抓4个零、4个查、9个度

- 坚持4个零
  - 零借口
  - 零拖延
  - 零返工
  - 零扯皮
- 做到4个查
  - 查方案
  - 查进度
  - 查配合
  - 查结果
- 抓好9个度
  - 工作的"态度"
  - 落实的"速度"
  - 目标的"精度"
  - 执行的"力度"
  - 方法的"巧度"
  - 视野的"高度"
  - 做事的"细度"
  - 团队的"风度"
  - 做人的"硬度"

图二 怎么打造"狼性"团队

要懂得"分槽养马"与"合槽喂猪"

在现代管理学的理论框架以及团队协作的实践过程中，有

两个生动的比喻——"分槽养马"与"合槽喂猪",它形象地阐释和区分了各种管理策略和任务分配方式。这些比喻不仅易于理解,而且能够深刻揭示不同管理方法背后的逻辑和效果。

"分槽养马"比喻将组织中不同的工作或项目进行严格的划分和隔离的管理策略,就像将马匹分别放在不同的槽中喂养一样。这种方法强调的是职责分明、分工明确,每匹马(即每个团队成员或部门)都有自己的"专属槽"(即工作领域),以确保各自专注于自己的任务,避免相互干扰。这种策略适用于需要高度专业化和独立作业的环境,有助于提高效率和专业性。

而"合槽喂猪",它描绘了一种团队合作的方式,团队所有成员共享资源和任务,就像是一个大槽中被共同喂食的猪群。这种管理方法强调的是团队合作、资源共享和集体智慧的运用。在这种模式下,团队成员之间有一种竞争关系,提倡交流和协作,互相督促互相成长,共同完成任务。这种方式适合于需要团队合作来解决问题的工作场景。

这两个比喻在管理学和团队协作领域中,代表了两种截然不同的工作哲学和管理风格。管理者和领导者可以根据自己团队的特点和任务的性质,选择适合的策略和方法,便于最大化提升团队的潜力和工作效率。

"分槽养马"这一管理哲学的核心理念在于,我们不应该让两位具备相似能力的员工去承担相同的工作职责。这个原则强调的是，管理者在进行任务分配时，应当充分考虑到每位员工的个人能力、性格特征以及工作习惯等多种因素，从而做到合理分工，确保每个人都能在其最擅长的领域发挥最大的效能。

这种管理策略的目的在于避免不必要的内部竞争而导致的能量消耗，因为当两位能力强的员工被安排在同一项任务上时，他们之间很可能会产生潜在的竞争关系，甚至是对彼此的嫉妒。这样的情绪和态度不仅会影响他们各自的工作效率，还可能对整个团队的和谐氛围造成破坏，从而影响团队的整体表现。

因此，作为管理者，需要具备敏锐的观察力和深刻的洞察力，以便能够准确地评估每位员工的优势和特长。在分配任务时，应当尽量避免将具有相似能力和性格特点的员工安排在相同的工作岗位或者项目中。通过这种方式，可以有效地减少团队成员之间的直接竞争，降低因竞争而产生的负面影响，进而提升团队的协作效率。

"合槽喂猪"的核心在于激发能力一般的员工的竞争意识。当员工意识到他们必须与他人竞争，以证明自己的价值和能力时，他们往往会更加努力工作。这种竞争不仅能够促使员工提升自己的技能，还能增强他们的团队合作精神，因为只有团队协作得好，才能在竞争中取得优势。

当然，这种策略并不是适用于所有此类情况。管理者需要具备敏锐的观察力和灵活的思维，根据员工的个性特点、能力水平和任务的具体要求，来决定何时使用这种策略。在某些情况下，过度的竞争可能导致团队内部出现矛盾和冲突，反而降低团队的工作效率。

　　因此，管理者在运用"合槽喂猪"这一管理理念时，必须谨慎权衡，确保它能够促进员工的个人成长，同时也能提高团队的整体效率。管理者还要结合其他管理理念，如激励理论、目标设定等，来综合制定团队的工作分工和管理策略。

Part 06 怎么开会

领导开会正确的顺序

你是否曾经有过这样的经历：大家齐聚一堂，开了一场会，期间大家积极发言，热烈讨论，似乎每个人都在积极参与，共同探讨了许多问题。但是，当会议结束时，你却发现，尽管讨论了诸多话题，但实质上并没有达成任何具体的结论或决策，也没有明确的行动计划，感觉像白忙活了一场似的。

在这样的会议中，虽然看似大家都在忙碌地交流意见，但实际上可能并没有切实解决问题。这种空洞的会议不仅浪费了参与者的时间和精力，还可能导致团队士气的下降。

一般情况下，领导召集会议，要想将会议开得有结果，就需要掌握一定的开会顺序。

● 先谈目标——要做什么？

会议的开场，是整个讨论的序幕，它的重要性不言而喻。在这个关键时刻，你必须确保所有参与者都对会议的目标有一个清晰、明确的理解。这个目标不仅要明确，还要具体可衡量，以确保每个人都能准确地把握会议的方向和目的。

在设定会议目标时，要避免使用那些模糊不清、过于笼统的表述。这些表述往往会让参与者感到困惑，不知道具体应该朝哪个方向努力。例如，如果我们说"提升销售额"作为会议的目标，那么这样的表述就显得过于宽泛。我们需要进一步明确，究竟是要提升多少销售额，以及我们将采取哪些具体的策略或行动来实现这一目标。

只有当你为会议设定了明确、具体、可衡量的目标，所有参与者才能有一个清晰的方向，知道他们的努力应该集中在哪些方面。这样，大家就能更有效地集中精力，共同推动会议朝着既定目标前进。

在现实工作和生活中，我们常常会看到一些领导者在组织会议时，一开始就没有明确会议的目标，甚至有时候在会议没开始前就急于展开讨论，而没有花足够的时间来确保所有人都对会议的目标有一个清晰的认识。这种忽视，往往会导致会议的效率大打折扣，还可能导致会议最终无法取得任何实质性的成果。

● 再谈现状——问题在哪？

在确定了明确的目标之后，接下来的关键步骤就是对当前的状况进行深入的分析。

这一步骤要求团队保持客观和全面的态度，对待问题要像寻宝一样，不放过任何一个细节，确保把问题彻底搞清楚。在这个过程中，不应该害怕面对自己的不足，更不能让自己的主观臆断影响决策。

你需要鼓励团队的每一位成员，让他们都来分享观点和看法，把问题摆在台面上，公开透明地进行讨论。只有这样，才能准确地找到问题的症结所在，从而有效地解决问题。

在现实生活中，可能常常会看到许多领导者在这一步上犯了错误。

他们可能会选择对问题进行轻描淡写的表述，故意避开重要的问题，或者他们可能会让自己的情绪主导他们的判断，导致他们对问题的看法充满主观臆断。

这样的做法不仅无法解决问题，反而会引发更多的矛盾和纷争，因为问题并没有得到真正的解决，而只是被掩盖或者被误解了。所以，需要避免这样的错误，确保我们在解决问题的过程中始终保持客观和全面的态度。

◎ 商讨方案——怎么解决？

问题已经明确，接下来的任务就是寻找合适的解决方案。

在这个关键时刻，领导者的角色变得尤为重要。他们需要激发团队成员的参与热情，鼓励每个人都能积极发表自己的观点，提出那些具有建设性的意见。

作为领导者，不要孤立地处理问题，更不能让团队中的争执升级，导致不必要的矛盾和冲突。

领导者的责任是引导团队成员从不同的视角审视问题，运用集体的智慧，汇聚各种创意和方法，从而找到最合适的解决方案。

在现实的工作场景中，很多领导者在处理问题这一环节上，常常遇到难题。

有的领导者可能过于自信，认为自己能够独立解决所有问题，从而忽略了下属的意见和建议。一些领导者则可能缺乏调解能力，面对团队内部的争执，无法有效地引导大家达成共识。

上面的处理方式，不仅无法真正解决问题，反而可能会打击团队的士气和信心。

◯ 确认落实——Who How When

在完成任何项目或任务的过程中，最后一个步骤，也是最为关键的一步，就是确认和落实。这个过程的重要性不言而喻，因为它直接关系到整个项目或任务的最终成果和效果。

会议的结束并不意味着工作的结束，相反，它是一个新的开始。在会议结束后，你必须明确每个责任人的职责，明确每项任务的分工，以及设定具体的时间节点。这样，每个人就能清楚地知道自己的任务和责任，知道接下来应该做什么，应该怎么做。

简单来讲就是 3 个 W：

Who：谁来做？谁来负责？

How：怎么做？接下来怎么推进？

When：什么时候完成？得有一个 deadline（最后截止日期）。

同时，你还需要建立有效的监督机制，以确保各项决议能够按时、保质保量地完成。因为，无论前期会议开得多么成功，如果没有有效的执行和监督，那么会议的决议就无法转化为实际的行动和结果，会议本身就失去了它的意义。

然而，在现实中，很多领导者却常常忽视了这一点。他们可能对决议的执行力度不足，缺乏有效的监督机制；或者对任务的分工不明确，导致团队成员之间相互推诿和扯皮。这样的情况，不仅会影响到项目或任务的进度，也会影响到团队的凝聚力和工作效率。

例会是统一团队思想最有效的方式

有些领导对于开会持有一种消极的态度，有时候一个月也开不了一次会。他们认为，频繁地召开会议并没有太大的实际意义，反而可能会打扰到员工的工作，影响他们专注于手头上的任务。这种观点看似合理，但实际上，这样的想法是存在误区的。

例会，作为团队管理的一部分，是非常重要的，它必须定期召开。因为它是统一团队思想、协调团队行动的最有效方式之一。

第一，例会为团队成员提供了一个共享和更新公司最新动态和政策的平台。通过这样的会议，每位团队成员都能够及时地获取到相同的信息，确保大家都能够在同一时间线上进行思考和行动，从而保持整个团队的信息认知一致。

这种信息同步的过程对于公司的运营和发展具有不可估量的价值。当所有成员都对公司的最新动态有清晰的了解时，他们可以更加有效地协作，共同推动项目向前发展。这种同步确保了每个人都能够基于最新的数据和政策来做出决策，从而提高了决策的准确性以及执行的效率。

此外，信息的对称性还有助于减少误解和沟通障碍。当团队成员缺乏关键信息或者仅有过时的信息时，他们可能会做出错误的判断，这在竞争激烈的商业环境中可能会导致重大的损失。如果一位团队成员基于过时的市场数据制定了营销策略，那么这个策略可能不会达到预期的效果，甚至可能会对公司的声誉造成损害。

更重要的是，信息的不对称不仅可能导致决策失误，还可能在团队成员之间引发不必要的内部矛盾。当一些成员感到自己被排除在重要信息之外时，他们可能会感到不满，觉得自己不被信任，导致团队的凝聚力和工作氛围遭到破坏。当每个人都感到自己是信息流通的一部分时，他们更有可能感到被重视，并且愿意主动参与，这将有助于建立一支更加团结和高效的团队。

第二，例会不仅仅是成员们汇报工作进度的场合，更是一个促进团队成员之间交流思想、分享工作经验以及共同探讨和解决问题的宝贵平台。在互动的过程中，每位团队成员都拥有平等的机会来表达自己独到的见解，提出建设性的意见或建议。这种开放而包容的氛围，不仅能够激发团队成员的创新思维，鼓励大家跳出传统框架，探索新的可能性，还能够通过这种集体智慧的碰撞，找到最佳的解决方案。

此外，当每个人都能自由地发表意见时，这种参与感和被重视的感觉会极大地增强个体对团队的归属感。这种归属感是团队凝聚力的重要基石，它能够让成员们更加积极地投入团队工作中去，更加主动地为团队的目标和成功贡献自己的力量。随着时间的推移，这种积极参与和相互尊重的文化氛围将会逐渐形成，团队的凝聚力也会因此得到显著增强。

第三，通过定期举行例会，领导可以更加深入地了解团队成员的当前工作进展、面临的挑战以及他们的个人生活状况。这种了解不是表面的，而是能够触及每位成员的实际需求和感受。

当你对团队成员有了更全面的认识后，你就能够根据每个人的特长、工作风格和生活情况，做出更为合理和人性化的工作安排。如果某位团队成员在家庭方面有特殊的需求，你可以在安排工作时考虑给予其更多的灵活性，以帮助该成员更好地平衡工作与家庭。又或者，当发现某位成员在某个领域比较有天赋时，你可以为其提供更多的机会和挑战，以便充分发挥其潜力。

此外，通过例会上的交流，你还可以及时发现团队中可能存在的问题和矛盾，并迅速采取措施进行调整和解决。这不仅有助于保持团队的稳定，还能促进团队成员之间的和谐合作，避免小问题演变成大问题，影响团队的整体工作效率。

因此，领导不要嫌麻烦，例会一定要定期开。

坚持五有、五不、四框架，开好例会

既然开例会是必要的，那么该怎么开例会呢？

显然，例会不是简简单单地走个过场，领导需要明白，例会不仅要开，还要开好。

简单来讲，只要遵循"五有""五不"和"四框架"的结构，任何领导都能开好例会。

五有：有会前准备、有主题、有纪律、有程序和有检查

● 有会前准备

准备的会议资料应将与会人员需要了解的信息整理清楚，确保信息准确、清晰，并且能够支持会议讨论和决策。确定会议议程也是会前准备的重要部分，明确会议的主题、讨论内容、时间安排等，有助于会议的有序进行和高效。

此外，会前准备还包括确定会议参与者和分工、准备会议场地和设备、提前沟通和确认与会人员的参与意愿和准备情况。确定会议参与者和分工可以确保每个人在会议中扮演适当的角色，有利于会议的顺利进行和决策的实施；准备会议场地和设备则是为了保障会议的顺利进行，确保会议期间不会受到外界干扰或设备问题的影响；提前沟通和确认与会人员的参与意愿和准备情况可以帮助主持人更好地掌握与会人员的期望和需求，有针对性地调整会议内容和形式，提高会议的效果和人员参与度。

● 有主题

会议主题要能明确表达会议的核心问题和目的，以引导讨论和确保会议达成预期目标。确定会议主题的方法包括立足客

观实际，顺应发展潮流，具备切实的依据，例如上级要求、本级领导战略意图、组织发展需求等。此外，会议主题应该针对本单位的具体问题，确保会议能"为我所用"，通过小范围讨论明确召开会议的目的，统一会议组织者和工作人员的思想认识。

另外，成功的例会需要贯彻目标推动原则、绩效管理原则、围绕主题原则、成果清晰原则、问题解决原则等注意事项。围绕主题原则要求解决什么事、分配什么事，围绕核心事展开讨论，确保会议的高效进行。同时，会议主题的确定还应事先广而告之，让参会人员有足够的思考、调查和准备时间。

● 有纪律

开会时要有纪律，以确保会议的效率和效果。在会议中，参会者应该遵守一些基本的纪律，比如准时到场、尊重他人发言、不打断他人发言、遵守议程等。这些纪律可以帮助会议有序进行，避免无效讨论和时间浪费。组织者也可以制定一些会议纪律，使参会者可以更好地参与会议，确保会议的顺利进行。

● 有程序

在组织和进行例会时，必须遵循一定的程序和结构。会前应制定明确的议程，包括确定会议的目标、讨论的主题以及需要解决的问题。议程应该提前通知所有参会者，以便他们有时间准备讨论的内容和相关材料。

会议开始时，应由主持人（一般为领导）简要介绍会议的目的和预期成果，确认出席人员，确保所有关键成员都能参与。接着，领导应按照既定议程引导会议，确保每个议题都得到充分讨论，同时控制时间，避免某个议题占用过多时间而忽视了其他重要议题。

在讨论过程中，鼓励与会者积极参与，提出意见和建议。为了保证讨论的秩序，可能需要实行发言规则，比如举手发言或轮流发言，以便每个人都有机会表达自己的观点。此外，记录员应详细记录会议中的重要讨论点和决策，便于会后跟进和审查。

● 有检查

在例会中，检查是一个重要的环节，可以帮助团队及时发现问题、解决困难，并推动工作的顺利进行。在例会中，检查通常包括以下内容：

对上周工作进行总结和检查，了解团队成员的工作进度和完成情况，以及是否达到预期目标。这有助于发现工作中存在的问题和困难，并能及时进行调整和解决。

对团队成员的工作进度进行汇报和检查，确保每个人都清楚自己的任务和责任，并了解工作是否按计划进行。这有助于提高团队的协作效率和工作质量。

针对下阶段工作进行安排和分配任务，明确每个人的工作内容和目标，以确保团队在下周能够有序高效地开展工作。这样可以避免工作重复、遗漏或者出现混乱等情况。

在检查环节，还可以针对团队遇到的问题和困难进行汇报和讨论，寻找解决方案并分配任务，保证问题能够及时得到解决。这有助于团队在工作中遇到困难时能够迅速应对，保证工作能顺利进行。

五不：不务虚、不讨论细节、不抱怨诉苦、不搞"一言堂"和不跑题

◉ 不务虚

在组织和进行例会时，团队应当坚持务实的原则，避免空谈和形式主义。会议的内容应当紧密围绕实际工作，确保每一项讨论都有明确的目的和实际的成效。你和你的团队不应只是在会议上重复已知的信息或者进行无关紧要的讨论，而是要确保每一次会议都能够产生具体的行动计划和解决方案。通过这样的方式，不仅能够提高工作效率，还能够确保团队的精力和资源被有效地利用，从而推动项目的进展和目标的实现。

◉ 不讨论细节

在例会中，你和你的团队尽量不要深入讨论每个项目的详细情况。会议的重点通常是概述各个项目的总体进展，确定关键目标，以及分配任务和责任。这样的做法有助于保持会议的高效和专注，确保团队成员能够迅速了解项目状态，同时避免陷入可能会耗费大量时间的琐碎细节中。通过这种方式，例会能够为团队提供一个清晰的方向和行动计划，同时也保留了后续会议或单独讨论中进一步探讨具体细节的可能性。

◉ 不抱怨诉苦

在开例会的时候，你和你的团队应该尽量避免抱怨和诉苦。虽然表达不满是很正常的，但是过度的抱怨可能会传递出消极的情绪，影响团队的士气。你们应该将更多的精力放在解决问题的方法和策略上，而不是仅仅停留在问题本身。

例如，在例会上讨论项目进度时，如果遇到了障碍，可以主动提出可能的解决方案，或者寻求团队其他成员的帮助。这样的做法不仅能够展现出我们的积极态度，还能够激发团队的创造力和合作精神，共同寻找最佳的解决办法。

此外，还可以通过例会来分享成功经验和最佳实践，这样不仅能够鼓励团队成员，还能够增强团队的凝聚力和信心。通过相互学习和借鉴，团队可以不断提升自己的能力和竞争力，从而更好地应对未来的挑战。

○ 不搞"一言堂"

不要搞"一言堂",这在前文已经讨论过。在开例会的时候,领导也要不搞"一言堂"。

要想做到这一点,其实也有几个方法可以参考。比如,鼓励所有参会者分享自己的想法,无论这些想法多么幼稚和不成熟,但每个人的视角都是独特的,即使最初看起来不那么成熟的想法,也可能激发出更有创造力的解决方案。

会议的主持人可以不必局限于领导一人,可以定期轮换会议主持人,这样可以让不同的团队成员有机会引导讨论,从而带来新的动态和视角。此外,还可以鼓励团队成员提前准备,如果他们有特定的议题或想法希望在会议上讨论,可以事先通知其他成员。

○ 不跑题

为了确保会议不偏离主题,你和你的团队需要采取一些措施来确保讨论的方向。首先,会前准备工作要充分,明确会议的目的和需要讨论的议题。其次,会议主持人应当承担起引导议题方向的责任,确保每位参与者的发言都与会议主题紧密相关。此外,可以设立一个明确的议程,并分配给每个议题一个合理的时间框架，以避免某个话题讨论时间过长。在会议过程中，如果发现讨论开始偏离主题，会议主持人应及时干预，将讨论引回正确的轨道。通过这些方法，你和你的团队可以有效地确保例会不跑题，从而达到预期的会议效果。

四框架：好的方面、存在的问题、提出改进措施和布置下一步工作

◎ 好的方面

例会不是批斗会，例会的氛围应该是和谐的，而不是充满了批评与指责。你应该更多地关注和讨论那些积极的方面。

在会议的议程中，你可以安排时间来表彰那些表现出色的团队和个人，以及他们所取得的成就。你应该详细地回顾这些成功案例，分析它们背后的策略和执行过程，以便其他成员能够从中学习和汲取经验。

你也可以鼓励团队成员分享他们在工作中遇到的积极体验，无论是创新的想法、有效解决问题的方法，还是团队合作的精彩瞬间，都可以分享出来。

在讨论问题和挑战时，你和你的团队同样可以采取一个正面的视角。即便是在面对困难和挑战时，也可以试图找出其中的积极因素，比如它们可以为团队提供学习和成长的机会。

● 存在的问题

你的团队需要以一种客观公正的态度,明确地阐述和讨论当前面临的各项问题。这意味着每位团队成员都应该放下个人情感,避免主观偏见,共同识别并分析那些影响团队效率和项目进展的障碍。

在这个过程中,身为领导,应当鼓励大家坦诚相待,积极交流,确保每个人的观点都能被聆听和考虑。通过这种方式,团队可以更加深入地理解问题的本质,从而找到最有效的解决方案。这不仅有助于增强团队的凝聚力,还能提升解决问题的能力,确保团队目标的顺利实现。

● 提出改进措施

在例会进行之际,你应当将注意力集中在如何提升工作效率和质量上。此时,你需要做的不仅仅是参与讨论,而是要主动提出具体的改进措施。这些措施应当是经过深思熟虑的,旨在针对当前工作流程中存在的问题或者可以优化的环节。

在提出改进措施时,你要确保这些建议是切实可行的,并且能够带来明显的效益提升。可以从以下几个方面来构思你的改进措施:

一是流程优化:分析现有的工作流程,找出可能导致效率低下的瓶颈,并提出解决方案,比如简化步骤、消除不必要的重复工作等。

二是技术升级：考虑是否有新的技术或工具可以帮助团队提高工作效率，降低错误发生的可能性。

三是培训与教育：如果团队成员在某些领域缺乏必要的技能或知识，那么可以安排组织培训课程或工作坊，以增强团队的整体能力。

四是沟通机制：改善内部沟通流程，确保信息传递的及时性和准确性，避免误解和冲突的产生。

五是工作环境：评估并改善工作环境，包括物理空间布局、设备更新等，创建一个有助于提高工作满意度和生产力的环境。

在提出上述改进措施时，你要准备好详细的计划和预期的效果评估，以便让其他会议参与者理解你的建议和想法，清楚其带来的正面效果。同时，也要准备好回答可能出现的问题，展现出你的专业性和对工作的深入理解。

● 布置下一步工作

很多人认为，例会开完了就是结束了。实际上，开完例会一定要有效果，要出结果，要有方向地布置下一步的工作，否则例会开了也是白开。

在例会圆满结束之后，作为团队的领导者，你有责任确保团队的工作能够持续有效地推进。因此，你需要立即着手安排和布置接下来的工作任务。这一过程不仅包括分配具体的工作职责，还要确保每位团队成员都清楚自己的任务目标和期望成果。

第一，你应当根据会议中讨论的内容和团队的实际情况，制定一个详细的工作计划。这个计划应该涵盖接下来一段时间内的主要工作，包括但不限于项目的关键节点、即将到来的重要截止日期以及任何需要特别关注的领域。

第二，你需要与团队成员积极沟通，明确传达下一步工作的具体要求。这可能包括为每位成员指定具体的任务，设定合理的期限，并确保他们理解所承担任务的重要性和紧迫性。同时，你也应该鼓励团队成员提出自己的想法和建议，以便更好地完善工作计划。

第三，作为领导，你还需要确保团队拥有完成任务所需的资源和支持。这可能意味着你需要与其他部门协调，获取必要的人力或物力支持，或者为团队提供额外的培训和指导。

学会这几招，让你开会气场快速提升

很多领导以为开会只是一项简单的活，实际上，开会是一门技术，更是一门艺术。

要开好会，可以先提升自己的气场。该怎样提升自己的气场呢？

注意身体语言

在会议进行过程中，个人的身体语言和姿态同样扮演着重要的角色。为了展现专业和自信，有以下几个关键点值得注意。

第一，确保你的双手是可见的，这可以通过将它们放在桌子上或是自然下垂来实现。这样做不仅可以让你看起来更加开放和诚实，还能够减少紧张感。

第二，要注意你的腿部行为。避免不自觉地抖动腿部或者频繁换腿，这些动作可能会给人一种焦虑或不耐烦的印象。而保持腿部稳定，双脚平放在地上，可以帮助你显得更加镇定和专注。

第三，保持身体稍微向前倾斜的姿势，可以显示出你对会议内容的兴趣和参与度。这种姿态传达出一种积极参与的态度，同时也有助于与听众建立更好的联系。

第四，如果情况允许，选择站立而不是坐下也是一个不错的选择。站立不仅能够增强你的气场，还能让你显得更有权威和自信。当然，这需要根据会议的性质和场合来决定是否合适。

注重与他人的互动

在开会时，无论是公司里的例会还是公司外部的会议，保持一个积极主动的态度是非常有必要的。

第一，你可以主动与周围的人打招呼，这不仅是一种基本的礼貌，也是建立和扩展人际关系网络的重要手段。通过这种简单而友好的互动，可以增加与他人的联系，从而在会议环境中建立起自己的社交圈。这种主动的社交行为有助于你在会议中掌握更多的主动权，使你能够更好地融入会议的氛围，有效地参与到会议的讨论中去。

第二，当你在会议中发言或者进行交流时，直视对方的眼睛是非常重要的。眼神交流是人际沟通中最直接、最真实的一种方式，它能够传达出你的自信、诚实和专注。直视对方的眼睛不仅能够展示出你的自信和决心，也能够让对方感受到你的尊重和关注。因此，眼神在气场中扮演着非常重要的角色。通过眼神交流，你能够更好地吸引他人的注意力，使你的观点和想法得到更多的认同和支持。

● 提升演讲气场

在开会的时候，有时需要你演讲。

很多人一提到演讲就害怕，其实，一个强大的气场就可以让演讲更加生动有力，更具有影响力。

在进行演讲时，选择恰当的词汇和表达方式是很重要的。为了确保信息的有效传递和增强演讲的吸引力，要避免使用那些过长、繁复且缺乏精练的词语。冗长的表述往往会使听众感到困惑，分散他们的注意力，会削弱演讲内容的清晰度和说服力。

你应该努力使用简洁有力、富有表现力的语言。这样的语言不仅能够帮助自己更加直接和有效地传达核心信息，而且还能够激发听众的兴趣，提升他们对你的话语的关注度。有力的语言能够在短时间内抓住听众的注意力，使得演讲内容更加深刻，以致难以忘怀。

此外，使用有力度的语言也能够增强演讲者的气场，让演讲者显得更加自信和权威。这种自信和权威感会传递给听众，使他们更容易接受和信任演讲者所传达的信息。因此，在准备演讲时，你可以仔细挑选每一个词汇，确保每一句话都简洁明了，充满力量，以此来提升整体的演讲效果，以期达到沟通目的。

◎ 自信与心态

自信不仅是一个人在面对生活中各种困难和挫折时的心理支柱，更是在逆境中保持坚韧不拔、不断自我提升和成长的动力源泉。自信的人往往能够更加从容地面对挑战，因为他们相信自己的能力和价值，这种内在的力量让他们在任何情况下都能保持冷静和专注，从而更有效地改变自己，扩大自己的影响力。

自信是需要你在日常生活中不断地培养和维护的，管理好自己的认知是构建自信的基石。认知，即你对自己、对他人、对世界的看法和理解，是你行动和反应的基础。一个积极健康的认知能够让你更加客观地看待自己和周围的环境，减少不必要的自我怀疑和负面情绪，从而增强自信心。

此外，了解他人的世界观和价值观也是打造个人气场的重要环节。当你能够理解和尊重他人的观点时，不仅能够更好地与他人沟通和交流，建立起更广泛的人际关系网，还能够在差异中找到共鸣。这种方式不仅可以增强你的社交技巧，还能够在无形中扩大自身的影响力，毕竟人们更愿意跟随那些能够理解并尊重他们的人。

怎么提升业绩

Part 07

团队想要业绩好：三会、三不、三急、三不急

在当今竞争激烈的商业环境中，一个团队想要取得出色的业绩，就必须遵循一定的原则和策略。这些原则和策略可以概括为"三会、三不、三急、三不急"，它们是指导团队行动的精髓，帮助团队在复杂多变的市场环境中保持正确的方向和高效的运作。

所谓的"三会"指的是团队在工作中应该具备的三个基本技能或者行为准则。

● 会沟通

第一，高效的沟通机制意味着信息的传达方式需要简洁明了，避免因语言的模糊不清而导致不必要的误解和混淆。团队成员可以使用彼此共同认可的交流工具和平台，比如电子邮件、即时通讯软件或者专业的项目管理工具，这些都能够有效地支持信息的快速传达。

第二，为了确保信息的准确性，团队成员在传递关键信息时，应当采取明确而一致的信息格式。例如，可以制定统一的

报告模板，或者在讨论问题时遵循特定的流程，这样有助于减少错误和遗漏。

第三，及时的反馈是沟通机制中不可或缺的一环。当信息被传递出去后，接收者需要迅速做出反应，确认信息已经被正确理解，并且根据信息内容给出相应的答复或行动。这种及时的反馈机制可以帮助团队及时发现并解决问题。

第四，建立和维护一个高效的沟通机制还需要团队成员之间的相互尊重和信任。每位成员都应该意识到，开放和诚实的沟通是团队合作的基石，只有在这样的集体氛围中，团队成员才能够毫无保留地分享信息，提出意见，从而提高团队的整体效能。

● 会合作

利用各自的优势是团队成功的关键，每位成员都应清楚自己的强项，并愿意在团队需要时将其贡献给团队。同时，团队成员也应该能够识别同事的优势，并在合适的时候鼓励他们发挥这些优势。这样，团队就能够形成一个互补的技能网络，使每个人都能在自己最擅长的领域发光发热。

共同完成任务不仅仅是分工合作那么简单，它要求团队成员之间建立起信任，相信每个人都会尽自己最大的努力来完成任务。这种信任的基础是对团队目标的共同承诺。每个人都应清楚知道团队的最终目标是什么，并为实现这一目标而共同努力。

实现团队目标需要明确的沟通和协调，团队成员应定期交流，更新任务进度，讨论遇到的问题，共同寻找解决方案。通过这种方法，团队可以确保所有成员都在同一页面上，朝着同一个方向前进。

◉ 会创新

随着市场需求的多样化和竞争的加剧，仅仅依靠传统的经营模式和产品已经无法满足客户的需求。因此，团队必须跳出固有的思维框架，敢于尝试，勇于实践，通过不断的学习和探索，以找到创新方法来满足客户需求。

面对市场的不断变化，团队需要建立起一套有效的信息收集和分析系统，及时捕捉到市场的最新动态和潜在机会。同时，团队成员之间要有良好的沟通和协作机制，确保信息的流通和创意的碰撞，从而激发出更多具有前瞻性的创新思路。

团队还需要具备快速应变的能力，当市场出现新的挑战时，要能够迅速调整策略，制定切实可行的解决方案。这不仅要求团队具备强大的执行力，还要求团队在高压下能保持冷静，做出明智的决策。

"三不"则是团队在追求业绩时应该避免的三个行为：

◉ 不拖延

为了确保项目的顺利进行，团队成员必须共同努力，避免那些无谓的拖延行为，这些行为会消耗宝贵的时间资源，影响整体的工作进度。团队要培养出一种高效的工作文化，使身在其中的每个成员都对项目的时间表和最终期限有比较清晰的认识。

为了实现这一目标，团队需要制定一个详细的工作计划，这个计划应该包括具体的任务分配、明确的里程碑以及合理的截止日期。每位团队成员都应该对自己的责任和期望有一个明确的认识，这样他们就可以集中精力完成自己的任务，而不是在不必要的事务上浪费时间。

另外，团队还要定期检查工作进度，确保每个任务都在按计划进行。如果发现某个环节出现了延误，团队应该迅速采取措施，调整计划或者重新分配资源，以弥补被延误的时间。这种灵活性和适应性是确保项目按时完成的关键。

通过持续的沟通和协作，团队成员可以相互支持，共同克服障碍，确保每个人都能够按时完成任务。这不仅有助于保持项目的进度，还能增强团队的凝聚力和成就感。

● 不推诿

在面对问题和挑战时，一个团队的凝聚力和工作效率往往取决于成员之间的相互合作与支持。团队成员不应该把责任推来推去、互相指责，这种消极的行为只会增加团队内部的紧张气氛，损害团队的整体利益。每位成员都应该展现出积极主动的态度，勇于承担起自己应负的责任，同时与其他成员共同努力，寻找最佳的解决方案。

在这个过程中，团队成员可以通过集思广益，充分利用每个人的专长和创意，共同探讨问题的根源，分析可能的解决方案，并评估每种方案的可行性。通过团队合作，可以更快地找到问题的关键所在，并制定出切实可行的解决策略。

此外，团队成员还应该保持开放的沟通渠道，确保信息的透明和流畅。这样，假如遇到困难或挑战，每个人都能够及时了解情况，提供帮助或者提出建议，从而加速问题的解决进程。

不放弃

坚持不懈的精神能够激励团队成员在面对失败和挫折时，不断地寻找解决问题的新方法，而不是选择退缩或放弃。这种精神鼓励每位成员保持积极的心态，相互支持，共同面对困难，从而增强团队的整体战斗力。

在团队协作过程中，每位成员都应该意识到，目标和梦想不仅是个人的追求，更是团队共同努力的方向。当一个团队拥有共同的愿景时，它就能够汇聚每位成员的智慧和力量，形成强大的合力，推动团队向前发展。

"三急"则是指团队在处理工作时应该优先考虑的三个方面：

◯ 急客户之所急

一个团队的成功与否往往取决于其对客户需求的敏感性和响应速度。为了确保客户的高满意度，团队必须将客户的需求和问题视为工作的重中之重。这意味着，无论客户何时提出需求或遇到问题，团队成员都应该立即采取行动，迅速而有效地解决问题，确保客户感到他们的声音被听到，他们的需求得到重视。

团队需要建立一套高效的沟通机制，确保信息的快速流通。这包括设立专门的客户服务热线，使用即时通讯工具，或者建立一个在线客户支持平台，以便客户能够方便快捷地提出他们的问题和需求。

此外，团队还应该定期收集客户反馈，通过问卷调查、客户访谈或其他形式了解客户的满意度和期望。这些信息对于团队改进服务流程、提升服务质量至关重要。

在处理客户问题时，团队应该展现出高度的专业性与同理心。每位团队成员都应该接受客户服务培训，了解如何以积极的态度和有效的方法解决客户的问题。与此同时，团队还要鼓励创新思维，不断寻找新的方法来超越客户的期望，提供更好的服务。

● 急市场之所急

团队必须具备敏锐的市场洞察力，以便能够及时捕捉到市场的新趋势和新动态。这不仅意味着要有对市场数据和信息的敏感度，还要有能力分析和预测潜在的市场发展方向。为了保持竞争力，团队需要迅速响应市场的变化，这包括调整策略、优化产品或服务，以及改进营销方法。

在把握商机方面，团队应当具备前瞻性，能够预见到新兴的需求和潜在的增长点。也就是说，团队需要不断进行市场研究，与消费者保持紧密的联系，了解他们的需求和偏好。通过这样的方式，团队可以在竞争激烈的市场中占据有利位置，抓住那些能带来重大收益的商机。

● 急效率之所急

仅仅满足于质量标准是不够的，因为效率对于团队的成功同样至关重要。在确保所有工作成果都达到既定质量标准的基础上，团队应该积极探索和实施高效的工作方式，以此来提升整体的生产力和工作效率。

高效的工作方式可以通过多种途径实现，例如采用最新的技术工具、优化工作流程、减少不必要的会议，以及提高团队成员之间的沟通效率。通过这些方法，团队不仅能够更快地完成任务，还能够在更短的时间内产出更高质量的工作成果。

提高生产力意味着团队能够投入较少的资源和时间，得到较高的产出，而提高工作效率则意味着团队能够在相同的时间内完成更多的工作量。这两个方面相辅相成，共同推动团队向着更高的目标前进。

总之，团队成员需要不断进行自我提升，学习新的技能和知识，以便更好地适应快速变化的工作环境。同时，团队领导者也应该鼓励创新思维，为团队成员提供一个能够自由交流想法和建议的环境，从而激发团队的创造力。

"三不急"则是提醒团队在某些情况下需要保持冷静和耐心：

◉ 不急于求成

急于求成可能会导致团队忽视细节，牺牲质量，甚至可能因过度追求短期成果而损害长期的品牌形象和市场信誉。因此，团队在追求业绩时，应该保持冷静和耐心，稳打稳扎地推进每一个项目。团队需要制定周密的计划，对每一步都要深思熟虑，确保每个决策和行动都是经过充分论证和评估的。

团队成员应该集中精力提升产品和服务的质量，而不是单纯地追求数量。这不仅有助于建立客户的信任和忠诚度，还能够在同行业中脱颖而出，赢得良好的信誉。

此外，稳打稳扎的策略还意味着团队需要不断地学习和适应市场的变化。通过持续的市场研究和客户反馈，团队可以及时调整策略,确保与市场需求始终保持一致。这种灵活性和适应性是长期成功的关键。

○ 不急于评判

在决策或评估时,团队不应该急于下结论,而是要充分分析和讨论,做出明智的选择。

在充分讨论的基础上,团队应该利用所有可用的信息和资源,包括历史数据、案例研究、专家意见以及团队内部的专业知识,来形成全面的信息背景。这样的信息背景有助于团队更好地理解问题的复杂性,从而做出更加周全的决策。

在分析和讨论的过程中,团队成员还应该保持开放的心态,愿意接受新的观点和建议。这种开放性不仅有助于创新思维的产生,还有助于发现可能被忽视的问题。最终,团队要基于充分的分析和讨论,结合团队的目标和价值观,做出一个既明智又可持续的选择。

○ 不急于改变

一旦团队建立起了一套高效的工作流程和制度,这些机制就会成为确保日常工作运作顺畅和提升工作效率的关键因素。因此,对于这些已经形成并被证明有效的流程和制度,应当持有一种谨慎的态度,不应在未严格论证的前提下就轻易进行改变。

轻易改变现有的流程和制度可能会带来一系列的后果,包括但不限于员工混乱、生产力下降以及资源浪费。任何关于更改流程和制度的决定都必须建立在严格的论证之上。这个论证首先是由数据构成的，即必须有充分的数据分析来支持改变的必要性。数据可以是来自于团队内部的反馈，也可以是外部的基准对比，或者是市场环境的变化统计等。

除了数据支持之外，还需要有合理的理由来推动这种改变。这些理由可能包括对现有流程中存在问题的识别，对市场需求变化的适应，或是对新技术或方法的采纳。这些理由应当是明确的、具体的，并且要能够清楚地说明为什么现有的流程和制度不再能够满足团队的需求。

团队提升业绩规划"五步走"

为了提升团队的业绩，我们可以采取一个分阶段的规划方法，这种方法通常被称为"五步走"策略。

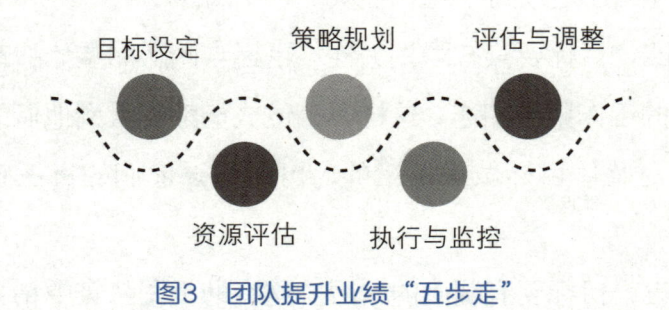

图3　团队提升业绩"五步走"

◉ 第一步：目标设定

为了确保团队的成功和工作效率提高，很重要的一步是设定明确的目标，这些目标旨在推动业绩的提升。根据 SMART 原则，即具体（Specific）、可衡量（Measurable）、可实现（Achievable）、相关性（Relevant）和时限性（Time-bound），团队应当共同协作，确立一套既切实可行又能够激励人心的目标体系。

第一，目标是具体的。这意味着它们应当详细到足以指导团队成员了解他们需要做什么。例如，不能简单地说"提高销售额"，而应设定"在下个季度末前，将产品 A 的销售额提高 20%"这样的具体目标。

第二，目标是可衡量的，这样团队才能够跟踪进度并在必要时进行调整。这要求目标应当有明确的指标或标准，比如"减少客户投诉数量，保证每月不超过 10 次"。

第三，目标是可实现的。确保目标既有挑战性，又在团队当前的资源和能力范围内。这有助于保持团队的积极性和动力，避免因设定过高的期望而导致士气低落。

第四，目标要具有强相关性。目标与团队的整体战略和每位成员的工作紧密相连。这样，每位成员都能看到他们的努力是如何对整体目标做出贡献的，可以增强他们的责任感和归属感。

第五，目标要有明确的时限。这有助于团队集中精力，在规定的时间内完成目标。时限性也有助于团队保持紧迫感，促使成员们有效地管理时间。

● 第二步：资源评估

在团队确定了目标之后，接下来的步骤是对现有资源进行细致而深入的评估。这一过程非常重要，因为它是涉及团队能否顺利实现既定目标的关键因素。

团队需要对人力资源进行评估，这包括了解团队成员的技能、经验以及他们能够投入的时间和精力。通过对人力资源的准确评估，团队可以更好地分配任务，确保每位成员都能在其擅长的领域发挥最大的作用。

财务资源的评估也同样重要。团队需要清晰地了解可用的资金状况，包括预算限制、资金来源以及资金的流动性，促使团队在制定计划时考虑成本效益，避免因资金不足而导致项目中断或延误。

此外，技术工具的评估也不可忽视。团队要审视现有的技术资源，包括软件、硬件以及其他必要的技术支持，了解这些技术工具的性能和可用性，以帮助团队选择最合适的工具来支持项目的执行，提高工作效率。

时间的评估是确保项目按时完成的关键。团队需要评估项目的时间表，包括各个阶段的开始和结束时间，以及可能的阶段性里程碑。合理的时间管理不仅能够帮助团队有效监控进度，还能确保有足够的时间应对可能出现的问题和挑战。

◉ 第三步：策略规划

为了确保团队能朝着既定目标前进，必须根据目标和资源的评估结果来精心制定一套具体的执行策略。为了完成这一过程，需要对团队现有工作流程做深入分析，识别可能存在的瓶颈和低效环节，并采取措施进行改进。如重新设计流程，以减少不必要的步骤，或者引入新的工具和技术来简化任务执行。

团队可以通过定期的沟通会议、团队建设活动或者采用协作软件来增强成员间的沟通与协作。这样不仅能够提升团队的整体工作氛围，还能够确保信息流通顺畅。

培训员工技能也是策略规划的重要组成部分。通过识别团队成员在特定领域的技能缺口，并组织相应的培训或研讨会，可以有效提升团队的整体能力水平。这种投资不仅有助于个人职业发展，也为团队带来了长远的利益。

优化资源配置也是需要仔细考虑的。团队需要确保每个项目或任务都有足够的资源支持，包括人力、财力和物力。通过合理分配资源，避免资源浪费，同时确保关键任务得到足够的关注和支持。

在策略规划阶段，应制定详尽的行动计划，最好能详细到每一步的操作。这样就可以确保每位团队成员都能清晰了解自己的职责所在，以及他们所期望达到的成果。明确的指导和设定期望可以激励成员保持动力，同时也便于管理层跟踪进度和绩效。

◎ 第四步：执行与监控

在策略制定完成之后，接下来的步骤对于团队来说至关重要。此时，团队必须全力以赴，将计划付诸实践。这不仅意味着每位成员都要明确自己的职责和任务，还需要确保这些任务能够有效地被执行。为了保证项目的进度，团队需要建立一个持续的监控系统，这样就可以实时跟踪每一项任务的进展情况，确保没有任何一项工作被遗漏或者延误。

在这个过程中，团队领导者的角色尤为关键。你需要确保团队成员之间的沟通是畅通无阻的。这意味着领导者要建立一个开放和透明的沟通环境，让团队成员能够自由地分享信息、提出问题和提供反馈。当遇到问题时，你应当迅速介入，协调资源，帮助团队找到解决问题的方法，确保这些问题不会阻碍团队的整体进度。

除了处理日常的问题，你还需要定期组织会议，检查团队的业绩指标。这些业绩指标是衡量团队是否朝着既定目标前进的关键。通过定期的检查，你可以及时发现偏差，调整策略，或者在必要时对目标进行重新评估。这样的周期性评估不仅能凝聚团队，还能让团队成员对自己的工作有一个比较清晰的认识。

◉ 第五步：评估与调整

在进行业绩评估时，团队成员要聚焦于那些在实际执行中被证明是有效的策略或行动计划，这些成功的策略往往能为团队带来积极的效果，可以提高团队整体的工作效率和业绩。同时，对于那些未能取得预期成效的策略，团队需要仔细分析原因，是因为执行不力、资源分配不当，还是策略本身的设计就存在问题？通过这样的分析，团队可以明确哪些领域需要改进，哪些做法需要调整。

基于评估结果，团队可能需要对原有的计划和策略作相应的调整。这种调整也许会涉及改变工作方法、重新分配资源，甚至是调整团队目标和方向。调整的目的是确保团队的工作更加贴合实际情况，能随时应对市场变化和内部挑战，以确保业绩的持续提升。

这个过程并不是一次性的，而是一个持续循环的过程。团队要建立起一个常态化的评估机制，不断对业绩进行监控和评估，根据评估结果做策略的调整和优化。这样，团队就可以持续学习、进步，不断提高工作效率和业绩，保持竞争力。

有益的信息大多来自公司之外

在信息高速发展的当下，信息已经成为商业活动中不可或缺的重要资源。无论是商业决策、市场分析还是产品创新，准确的信息都是成功的关键因素。但是，这些重要信息往往并不会自动呈现在我们面前，而是需要我们通过一系列的努力和探索才能获取。

在获取信息的众多途径中，实地调查和外部信息收集占据了极其重要的位置。实地调查意味着亲自踏入市场、客户群体或自然环境中去观察、体验和研究，获得第一手的原始数据和生动直观的感受。外部信息可从各种渠道收集，如行业报告、新闻媒体、专业论坛、竞争对手以及合作伙伴。这些信息为我们提供了宝贵的外部视角，帮助我们更好地了解市场动态和行业趋势。

因此，为了获取这些关键信息，你需要主动走出办公室，到外面获取所需的信息。记住！大部分有价值的信息并不是坐在办公室里就能够轻易得到的。有研究表明，高达 90% 的有益信息来自公司之外的市场以及活动。这包括与客户的互动、参加行业会议、建立专业网络、参与社交媒体讨论等等。这些活动不仅能帮助你获得最新的信息，还能促使你从不同的角度思考问题，激发新的想法和创意。

该如何有效获取和利用外部信息来提升企业竞争力呢？

第一，你可以通过订阅行业期刊来获取较新的行业资讯和研究成果。这些期刊通常包含了行业内的最新发展、技术创新、市场分析等内容，可以为企业提供宝贵的信息资源。通过定期阅读这些期刊，能及时掌握行业动态，为决策提供参考。

第二，关注政府政策的变化。政府的政策调整往往会对行业发展产生重大影响。因此，你需要密切关注政府的公告、政策文件等，以便及时了解政策走向和可能带来的机遇或挑战。

第三，参加行业会议和展览。在这些活动中，你不仅可以听取专家的演讲，了解行业前沿知识和技术，还可以与其他企业交流经验，寻找合作机会。此外，展览会上的新产品和技术展示也能为企业提供市场上最新的产品和服务信息。

第四，与专业机构合作。专业机构往往拥有丰富的行业资源和专业知识，通过与这些机构合作，你可以得到更深入、更专业的信息和分析数据，用来帮助企业更好地了解市场和行业动态。

第五，利用数字化信息技术。随着信息技术的发展，互联网、社交媒体、大数据分析等工具为企业提供了海量的信息来源。你可以利用这些工具来收集和分析数据，以此深入研究市场趋势和消费者行为。

获得信息后，为了确保组织内的决策过程能够高效且准确，只需保证各级管理人员能够获得充分、准确的信息资源。这一要求强调了信息流通的重要性，管理层的成员必须能够迅速而直接地访问到与他们职责相关的内部和外部信息。这确保了决策过程中的信息基础坚实，有助于他们做出明智的决策。

在实施这一原则时，需要确保不同层级的管理人员能够根据其职责和决策权限，获取相应级别的详细信息。例如，高层管理人员可能需要关于整个组织运营的宏观信息，而中层管理人员则需要更具体的部门或项目相关信息。这种分级的信息获取机制，使得管理层能够在必要时深入挖掘问题的根源，进行细致的分析和评估。

同时，为了保证信息的流通不局限于向下传达，各级管理人员还应当有能力向上级汇报关键的、影响决策的信息。这种双向沟通机制，不仅有助于上级领导更好地理解下属面临的挑战和机遇，也能够确保组织内部的决策过程更加透明和协同。

此外，不同级别的管理人员在向上级汇报信息时，应根据具体情况和上级的需求，呈现不同深度的细节。这样做可以确保信息的传递既有足够的深度，又不至于因过细而导致决策过程的复杂化。通过这种方式，管理人员可以根据需要，提供足够的信息以支持进一步的详细调查和分析，从而确保决策的有效性和及时性。

薪酬与制度

Part 08

薪酬体系设计方案

企业或管理者设计薪酬时必须遵循一定的原则,其中包括战略导向、经济性、体现员工价值、激励作用、相对公平和外部竞争性等。

● 战略导向原则

战略导向原则是企业在设计薪酬体系时必须遵循的核心准则,它强调企业在制定薪酬政策和制度时,不能仅仅停留在表面的薪资分配上,而应当深入到企业战略的层面进行综合分析。这一原则要求企业的薪酬体系必须与企业的长远发展战略紧密结合,确保薪酬政策的制定能够反映并支持企业的发展目标和战略需求。

在实际操作中,企业的薪酬体系不应被视为一种简单的制度安排,而应被视为一种激励机制,一种能够激发员工积极性、促进企业战略目标实现的动力源泉。一个合理的薪酬制度,能够有效地激励员工并对提升企业发展战略有积极的作用,同时,对于那些可能阻碍企业发展的因素,通过薪酬制度的调控,也能使其得到有效的控制,甚至逐渐被淘汰。

因此，企业在设计和实施薪酬体系时，必须从战略的高度出发，分析和识别哪些因素对企业的长期发展至关重要，哪些因素对其影响较少或并不重要。企业需要建立一套科学的价值评估标准，对关键因素进行权重分配，以准确反映各因素在薪酬体系中的重要性。通过这样的价值分配，确保薪酬标准的设定既公平合理，又能有效推动企业战略目标的实现。

◎ 经济性原则

从短期视角来看，经济性原则要求企业在制定薪酬标准时，必须确保其财务健康。这意味着企业在计算员工薪酬之前，需要从销售收入中扣除所有非人工成本，如材料、设备折旧、租金、水电费等。在这一过程中，企业需要精确计算，确保在支付员工薪酬后，仍能保持良好的现金流状态，避免因资金链断裂而影响企业正常运营。

从长期的视角来看，经济性原则更加注重企业的可持续发展。企业在支付员工薪酬的同时，还需要考虑长期的非人工成本和费用，包括设备的更新换代、技术的研发创新、市场的拓展等。企业只有在满足员工薪酬和其他相关费用后，仍能维持一定的盈余，才能确保拥有足够的资金用于未来的投资和发展。这种长期的财务规划有助于企业实现规模扩张、增加市场份额，从而在激烈的市场竞争中占据有利地位。

● 体现员工价值原则

现代人力资源管理面临着一系列复杂而微妙的挑战。其中，最为关键的是必须妥善解决企业运营中存在的三大基本矛盾。

第一，人力资源管理与企业发展战略之间的矛盾。这一矛盾体现在人力资源的规划和实施需要与企业的长远目标和战略紧密相连，确保人力资源的配置和利用能够支持企业的战略发展，而不是成为阻碍。

第二，企业的发展与员工发展之间的矛盾也不容忽视。企业在追求市场份额、利润增长和竞争力提升的同时，也需要关注员工的个人职业发展和成长。这要求企业在制定发展计划时，要考虑到员工的职业规划，提供必要的培训和学习机会，使员工能够在企业的成长中找到个人成长的空间和可能性。

第三，员工的创造与员工待遇之间的矛盾也是人力资源管理中不可回避的问题。员工的工作表现和他们为企业创造的价值应当得到合理的回报。这不仅仅是对员工劳动的尊重，也是激励员工持续贡献的重要机制。因此，企业在设计薪酬体系时，应当充分考虑如何通过物质和非物质的奖励方式，充分体现员工的价值，激发他们的工作热情和创造力。

为了解决上述矛盾，你需要在薪酬设计上做出精心的规划。薪酬体系不仅要能够反映员工当前的职位价值和市场价值，还要能够激励员工开发未来潜力并提升能力。同时，薪酬政策要能促进员工与企业之间的共同成长，实现短期和长期目标的一致性。

◎ 激励作用原则

在企业制定薪酬结构的过程中，即使总金额相同，例如 10 万元，这一金额如何分配到不同部门的员工、不同市场条件下的员工，以及处于不同发展阶段的企业员工手中，其产生的激励效果是大不相同的。企业可以采取多种薪酬组合方式，比如将这 10 万元划分为 4 万元的基本工资和 6 万元的绩效奖金，或者是 6 万元的基本工资加上 4 万元的绩效奖金。这两种支付方式虽然在总额上没有差异，但它们对员工的激励作用却大相径庭。

激励作用原则强调企业在设计薪酬体系时，必须深入考虑薪酬结构对员工激励的影响，即薪酬方案如何激发员工的工作动力和提高工作效率。这涉及企业人力资源投入（即薪酬成本）与产出（即工作绩效）之间的比例关系，这种关系可以用代数方式来表达和分析。

在设计薪酬策略时，企业需要综合考虑多种因素，包括员工的工作性质、工作难度、市场行情、企业的财务状况、员工的期望和满意度等。企业应当通过科学的分析和合理的规划，确保薪酬的分配既能体现公平性，又能有效激发员工的积极性和创造性，从而使得薪酬支付能够带来最大的激励效果。这样的薪酬策略不仅能够提高员工的工作热情，还能促进企业的长远发展和竞争力的提升。因此，企业在制定薪酬政策时，应当注重薪酬结构的设计，以实现对员工的最优激励，进而推动企业的整体利益。

● 相对公平（内部一致性）原则

企业在制定员工薪酬时应当追求一种平衡和公正，确保每位员工都能感受到被公平对待，如俗语所说的"一碗水端平"。

相对公平原则具体包含以下三个关键方面：

一是横向公平：这是相对公平原则中最基础的一环，要求企业在其全体员工中推行统一且一致的薪酬标准。无论员工的职位、工作性质或工作量如何，薪酬都应切实体现对企业的贡献，而这种贡献将通过一套共同的评估标准来衡量，以确保每位员工都能感觉到，只要他们的工作表现相似，无论身边的同事是谁，他们的薪酬待遇都将保持相当水平。

二是纵向公平：这一方面关注的是时间维度上的公平性。企业在设计薪酬体系时，必须考虑员工的历史贡献，确保员工在过去、现在以及未来的投入与产出比例保持一定的连续性和一致性。随着时间的推移，员工的薪酬应呈现出稳定增长的趋势，以体现他们经验和技能的积累。这也引出了工资刚性的问题，即企业通常不会轻易降低员工的工资水平，因为这样做可能会导致员工的强烈不满和抗议。

三是外部公平：除了内部员工的薪酬比较外，相对公平原则还强调企业应当将薪酬设计与行业同岗位的平均水平保持一致。企业需要对市场上同类人才的薪酬水平有所了解，确保自己的薪酬政策既不会过高也不会过低，以免影响企业的竞争力和员工的满意度。

◯ 外部竞争性原则

外部竞争性原则的核心在于，企业在设计薪酬体系时，要充分考虑当前同行业薪酬市场的整体薪酬水平，以及直接竞争对手的薪酬支付情况。这样做的目的是确保企业所提供的薪酬待遇能够在市场中保持一定的竞争力，从而有效地吸引并留住那些对企业发展战略具有关键性影响的重要人才。

在实际操作中，企业需要通过市场调研、数据分析等手段，了解和掌握行业内其他企业，尤其是主要竞争对手的薪酬水平和结构。这包括但不限于基本工资、奖金、福利待遇、长期激励计划等各个方面。通过这些信息，企业可以评估自身薪酬体系的市场定位，是否具有吸引力，以及是否存在需要调整的地方。

企业应当根据自身的财务状况、发展目标和人力资源战略，设计出既能体现市场竞争性，又能符合企业实际支付能力的薪酬方案。这样的薪酬方案不仅能够吸引人才，还能够激发员工的工作热情，从而提高整体的工作效率和企业的市场竞争力。

提成、分红与年终奖的常见错误

在企业管理和人力资源管理中，领导者在处理员工薪酬福利时，尤其是在提成、分红和年终奖的分配上，往往容易出现一些误区和错误。这些错误可能会对员工的积极性、忠诚度以及整个团队的士气产生负面影响。

那么有哪些常见的错误呢？

● 缺乏透明度

透明度是指信息的开放程度，以及决策过程的清晰性。在激励政策的制定中，如果领导没有向员工明确解释如何计算提成、分红和年终奖金，以及这些奖励与员工的工作表现之间的具体关系，员工可能会对公司的激励机制感到不解。这种不明确的政策可能会让员工怀疑公司是否真正认可他们的努力和贡献。

当员工对自己的工作成果如何转化为实际的经济奖励感到

不确定时，他们可能会对工作产生消极态度。这种不确定性会削弱员工的工作动力，因为他们可能觉得自己无论多么努力，都不一定能够获得相应的回报。这种情况下，员工可能会减少投入，不再那么积极主动地追求卓越，因为他们认为努力不会带来预期的奖励。

◉ 不公平性

当员工觉得自己的辛勤工作没有得到应有的重视，或者他们的努力没有被适当地体现在奖金上时，他们可能会感到失望和沮丧。这种感觉可能源于对自身价值的质疑，也可能源于对公司评价体系公正性的怀疑。员工期望自己的贡献能够得到公正的衡量和相应的回报，而当这种期望落空时，他们可能会感到自己的努力被忽视或被低估。

此外，如果员工观察到同事之间的奖金分配存在不合理的差异，即使这种差异并不基于工作表现，也可能会引起不满。如果某些员工因为与领导有较好的私人关系而获得更多的奖金，而其他同样或更加努力的员工却没有得到相应的奖励，这种情况可能会引发工作环境中的紧张氛围。员工可能会质疑领导的决策过程，认为它体现了一种不公正的特权，而不是基于实际的工作成果。

这种不公平的奖金分配不仅会损害员工的士气，还可能导致工作中出现紧张关系和冲突。员工之间的嫉妒和不信任可能会增加，团队合作精神可能会受到影响，甚至可能会影响到工作效率和公司的整体业绩。

不一致的标准

当这种分配标准在不同的时间点或者面对不同的情况时出现波动或不一致性，往往会给员工带来一定程度的困惑。这种困惑不仅仅是对具体数字的不解，更多的是对于公司内部公平性和透明度的质疑。

第一，员工们可能会发现，尽管他们的工作表现和贡献相似，但由于分配标准的不一致，他们获得的提成和奖金却大相径庭。这种情况会让员工感到自己的努力并没有得到应有的回报，从而产生失落感和挫败感。这种感觉会逐渐侵蚀他们对公司的信任，甚至可能影响他们的工作积极性和效率。

第二，不透明的分配标准可能会让员工怀疑公司的公正性。在员工眼中，如果一家公司能够公正、公平地对待每一位员工，那么这家公司就能成为一个值得信赖并值得员工投入的工作环境。然而，当分配标准变得模糊不清，员工无法明确知晓自己的努力是否能够得到合理的回报，这种不确定性会让他们对公司的公正性产生怀疑。

第三，这种不一致性还可能导致员工对管理层的决策能力产生疑虑。在员工看来，一个有决策能力的管理团队应该能够制定出一套既公平又透明的分配机制，而不是随意更改或者在相同情况下采取不同的标准。如果管理层在这方面显得犹豫不决或者反复无常，员工可能会对他们的决策能力失去信心。

● 过度依赖金钱激励

如果管理层过分依赖金钱奖励作为激励员工的主要手段，可能会导致他们对其他激励方法的忽视，而那些非金钱的激励方式对员工的满意度和工作表现同样具有深远的影响。

例如，职业发展机会是员工非常看重的一个方面。提供培训和学习的机会，帮助员工提升技能，以及为他们规划清晰的职业晋升路径，可以极大地激发员工的工作热情和归属感。当员工看到自己的成长和进步时，他们会更加投入地工作，因为他们深知自己的努力能够助力实现个人职业目标。

此外，改善工作环境也是一个不可忽视的激励因素。一个舒适、安全且富有创造力的工作环境能够使员工感到更加满意并提升他们的工作效率。这包括提供现代化的办公设施、灵活的工作时间、健康的工作文化以及鼓励团队合作和交流的工作氛围。通过这些非金钱的方式，员工会感到自己被重视和受尊重，从而更愿意为企业贡献自己的力量。

● 忽视个人差异

员工作为企业的重要资产，他们的内在动机和需求对工作表现和团队整体士气有着深远的影响。每位员工都是独一无二的个体，他们的背景、价值观、生活经历以及职业目标都各不相同，这些因素共同塑造了他们对工作的期待和动力。

在这样的背景下，领导者在制定奖金政策时会面临不小的挑战。奖金作为一种激励手段，本意是鼓励员工更加积极地投入工作中，提高工作效率和企业绩效。如果领导层在设计奖金政策时，没有充分考虑员工之间的差异性，忽视了他们的个性化需求和不同的激励因素，那么这种一刀切的做法很可能会导致激励措施的效果大打折扣。

例如，对于那些追求稳定性和安全感的员工来说，他们可能更倾向于获得稳定的收入和福利保障；而对于那些渴望个人成长和发展的员工，他们可能更看重职业发展机会和学习新的技能。同样，对于有家庭责任感的员工，灵活的工作时间和远程工作选项可能比金钱奖励更具吸引力。因此，如果奖金政策仅仅关注于金钱激励，而忽视了这些多样化的需求，就可能无法触及员工的真正动机，会影响他们的工作热情和忠诚度。

○ 短期目标与长期目标的冲突

当员工的报酬和晋升直接与短期业绩挂钩时，他们可能会更加专注于当下的成果，而忽视那些对公司未来至关重要的长期战略和投资。这种对短期成果的过度关注可能会导致员工在追求眼前利益的过程中，牺牲了公司的长期利益。例如，员工可能会忽略产品质量、客户服务或者研发创新等方面的投入，因为这些领域的成果往往需要较长时间才能显现出来。

长此以往，公司可能会发现自己在市场上失去了竞争力，这是由于忽视了对产品和服务的持续改进，或者没有及时适应市场的变化和技术的创新而导致的。此外，忽视长期发展不仅可能导致员工士气下降，还可能使他们意识到自己的工作和努力并没有为公司的未来贡献实质性的价值。

● 忽视市场和行业标准

首先，一个奖金政策若不符合行业标准，可能会使公司在招聘过程中遭遇挑战。潜在员工往往会将薪酬待遇作为衡量职位吸引力的重要因素之一。如果公司的奖金政策远低于行业的平均水平，那么即使公司的其他方面表现出色，也难吸引那些寻求最大经济利益的优秀人才。

其次，即使公司能够吸引人才，如果奖金政策不具竞争力，也可能导致现有员工的流失。员工满意度和忠诚度在很大程度上取决于他们是否感觉自己获得了应得的报酬。当员工发现其他同行业公司提供更为优厚的奖金时，他们可能会开始考虑跳槽，寻找更高更好的薪酬待遇公司，这将会加剧公司的人才流失。

最后，一个不合理的奖金政策还可能对公司的整体业绩产生负面影响。当员工感觉不到足够的经济激励时，他们的工作积极性和生产效率可能会下降。这种情绪可能蔓延至整个团队，甚至整个公司，最终对公司的服务质量、创新能力和市场表现产生不良影响。

平均并不等于平等，绩效考核追求差异化

在当今社会，有一个常见的误区是，人们倾向于认为，在一个群体中，只要每个成员获得的分数或者奖励相差无几，那么这个群体就已经实现了公平。这种观点表面上看起来似乎合理，因为它强调了一个量化的标准，即每个人的所得大致相同。然而，这种简化的理解并没有考虑到个体之间的差异性，以及每个人对集体或目标的贡献程度。

事实上，平均主义的分配方式，虽然在数值上看似公平，但它忽略了人们在实际工作中的努力、才能和付出。例如，在一个工作团队中，如果每个成员不论其工作效率、创新能力或对项目的贡献大小，都获得相同的报酬，那么这种表面上的平均分配实际上并不公平。因为那些付出了更多努力、提供了更多价值的成员，在这种分配体系下并没有得到相应的认可和回报。

"一个和尚抬水喝，两个和尚挑水喝，三个和尚没水喝"就

是其中最典型的一个例子。

真正的平等应该基于个人的需要、能力和贡献来进行考量。它要求你在分配资源或奖励时，不仅仅只看数字上的均等，还要深入了解每个人的具体情况，以及他们对整体目标的贡献。这样，才能确保每个人都能根据自己的努力和成就获得公正的待遇，而不是简单地追求数量上的一致性。

绩效考核的核心目标之一便是为了较为精准地识别出那些在工作中表现卓越的员工，并对他们给予相应的奖励和认可。这样的机制不仅能够对优秀员工的成就给予肯定，更重要的是，它还能够激发其他员工的工作热情，鼓励他们向表现出色的同事学习，从而提高自己的工作绩效。

在实施绩效考核时，追求差异化是其关键所在。考核制度需依托细致入微的评估过程和公正无私的评价标准，以精确区分不同员工之间的绩效差异。这种差异化的考核方法，不是简单地进行横向比较，而是根据每位员工的具体职责、工作内容以及达成目标的难度，来进行个性化的评估。

通过这种精细化的考核方式，企业才能够更真实、更客观地了解每位员工的工作表现，从而为管理层提供决策支持，确保奖励和晋升等人力资源管理措施的公平性和有效性。此外，当员工明白他们的努力和成就会被看到并得到嘉奖时，他们往往会更加积极地投入工作中去，这种正向的竞争机制，无疑会提升整个组织的工作效率和激发内在动力。

一般来讲，绩效考核的目的是全面衡量员工在工作中的表现，包括工作效率、工作质量、创新能力、团队合作精神等多个关键维度。

别让员工怕你，而是怕制度

一位企业家朋友聊到"员工应该怕什么"的话题时，他说："不要让员工怕你，那样只会打造出一个僵死的组织，而是要让员工怕制度。"

人是活的，制度相对来说却是稳定的。

当员工对领导者产生了一种个人层面的恐惧感时，这种情绪可能会对整个团队的氛围和效率产生负面影响。这种恐惧并非源于工作本身的挑战性，而是源自于对领导者行为的不确定性，特别是对其情绪反应的不可预测性，以及他们可能在没有充分理由的情况下做出的武断决策。

员工可能会担心，领导者的情绪波动无常，难以捉摸，这可能会导致他们在不经意间触怒领导，引发其不悦或愤怒的情绪。这种不确定性可能会让员工感到极度的不安，因为他们无法确定自己的行为或工作表现，会不会突然遭到领导者的批评或引起不满。在这种情况下，员工可能会变得过分谨慎，害怕犯错，甚至可能尽量避免采取任何可能引起领导者不满的行动。

这种恐惧感不仅会抑制员工的自信和积极性，还可能严重阻碍他们的创新思维和能力的发展。当员工过于担心领导者的反应时，他们可能会不愿意尝试新的方法和创意，因为创新往往伴随着风险和不确定性。这种恐惧情绪可能催生一个保守且缺乏动力的工作环境，进而对团队的整体表现和组织的长期成功造成不良影响。

相反，当员工对制度感到敬畏时，他们明白只要遵守既定的规则和标准，就能够得到与预期一致的结果和公平的待遇。这种基于制度的权威有助于建立一个更加稳定和可预测的工作环境，员工可以在这样的环境中安心地工作，而不必时刻担心领导者的个人偏好或临时决策带来的影响。

这种工作环境的好处是显而易见的：

第一，员工不再需要时刻担心领导者的个人偏好或临时决定会对他们的工作产生不利影响。他们可以依靠制度的稳定性来确保自己的努力得到公正的评价和回报。

第二，基于制度的权威还能够减少工作中的不确定性和混乱。员工可以清楚地知道哪些行为是被鼓励和奖励的，哪些行为是被禁止和惩罚的。这种明确的指导使得员工能够更好地规划自己的工作，提高工作质量和效率。

第三，基于制度的权威还能够促进团队的合作和协调。当每个人都遵循相同的规则和标准时，工作过程中的沟通和协作就会变得更加顺畅。员工之间可以相互依赖，共同追求设定的目标，而不必担心个人偏见或遭遇不公平的待遇。

怎么提高凝聚力

Part 09

团队和团体、群体、团伙的区别

在探讨团队和团体、群体、团伙之间的区别时，我们需要从它们的定义、组织结构、目的以及成员间的关系等多个维度来进行分析。

◉ 团队

团队通常是指一群志同道合的个体，他们汇聚在一起，目的是实现一个共同的目标或者完成一项既定的任务。在这个过程中，团队成员之间通过有效的沟通和协调，各司其职，发挥各自的专长和能力，共同推动项目向前发展。

在团队中，每个成员都扮演着特定的角色，这些角色是根据团队的需要和个人的技能而分配的。这样的分工不仅明确了每个成员的职责范围，还有助于提高整个团队的工作效率。成员们了解自己的任务和责任，能够更加专注而高效地完成自己的工作部分，同时也为其他成员的工作提供支持和帮助。

团队成员之间的紧密合作体现在他们如何高效沟通、协同解决问题以及积极共享资源和信息。这种合作精神不仅增强了团队的凝聚力，还能够激发团队成员的创造力和激情，从而推动团队向着共同的目标前进。

对共同目标的高度承诺是团队的另一个显著特点。团队成员不仅在行动上协同一致，而且在心理上也对目标保持高度的认同和投入。这种承诺使得团队成员愿意为实现团队的成功付出更多的努力，甚至在某些情况下，可以牺牲个人的利益。

团队通常是有组织的实体，它们拥有明确的领导结构和决策流程。团队内部有一套规则和程序来指导成员的行为，确保团队的运作有序进行。领导者或领导团队负责制定战略方向，做出关键决策，并监督团队的整体进展。这种组织结构有助于提高团队的效率，确保每项决策均符合团队的最佳利益。

○ 团体

团体的概念涵盖了更为宽泛的意义，它不仅仅局限于具有明确共同目标的人群。在团体的定义下，任何形式的人群聚集都可以被包括在内，无论他们是否有共同的目标或者愿景。团体的形成可以是多种多样的，它们可能是为了某个特定事件或目的而临时组建的，也可能是基于某种持续的联系或需求而长期存在的。

团体的成员聚集在一起的原因可以是非常多元的。有时，是因为他们分享相同或相似的兴趣和爱好，比如音乐、运动或者其他娱乐活动；或者，团体的成员可能因为共同的信仰或宗教观念而聚集，他们可能在某些宗教场所或活动中相遇。职业也是一个常见的聚集因素，同一行业的专业人士可能会组成专业团体，以交流经验、分享资源或提升行业标准。此外，人们也可能因为其他社会属性，如种族、文化背景、社会经济地位等因素，而形成特定的社会团体。

与团队相比，团体的结构通常更为灵活和松散。在一个团队中，成员们往往有着明确的共同目标，且彼此之间的角色和职责划分较为清晰；在团体中，成员间的关系可能没有那么严格定义，互动的频率和密切程度也可能相对较低。团体成员可能并不需要频繁地进行沟通或协作，他们之间的联系可能仅仅是因为某种共同点而偶尔聚在一起。

群体

群体的概念则更加宽泛，它指的是一组具有某些共同特征或属性的人。

群体并不总是具有高度组织性，它们也不一定有明确的组织结构、规章制度或是共同追求的目标。群体的形成可能是自发的，也可能是受外部环境的影响。例如，一个社区可能因为地理位置相近而形成，一个族群可能是因为共同的历史和文化传统而聚集，而一个年龄段的人则可能因为相似的生活经历和发展阶段而被视为一个群体。

群体成员之间的联系强度也各不相同。在一些群体中，成员之间可能有紧密的社会联系和互动，例如家庭、朋友圈或工作团队。但在某些情况下，群体成员之间的联系可能相对较松散，他们可能只在特定情境下才会产生联系，或者仅仅是在统计和研究时被归为一类。

● 团伙

相对来说，团伙这个词在日常语境中往往带有贬义，团伙由个体组成，这些个体在追求个人利益的过程中聚集在一起，他们之间缺乏一种统一的、共同追求的长远愿景。在这样的群体中，成员们可能并没有一个明确的共同目标或者长远计划，他们的合作更多是出于个人的短期利益考虑，而非为了实现一个共享的、持久的目标。

团伙的成员们在追求个人利益时可能会忽视团体的整体利益，在某些情况下，个人的行动可能会损害到整个团伙的利益。

甚至在有的时候，当人们在日常生活中提到"团伙"时，通常会联想到违法犯罪、欺诈或其他不正当的行为，这也是为什么这个词会带有贬义。社会普遍对团伙持批评态度，因为它们的存在和活动破坏了社会秩序，损害了他人的权益，且对社会的和谐发展构成了威胁。

尽管团伙在某种程度上可能具有类似团队的组织结构，比如有领导、分工和协作机制，但它们的根本区别在于，团伙的目标和行为方式是与社会的法律和道德规范相违背的。团伙成员通过非法手段来实现个人或集体的利益，这些利益往往以牺牲他人或社会公共利益为代价。

高效凝聚力的团队符合哪些基本特征

● 明确的共同目标

在一个具备高效凝聚力的团队中，每位成员都对团队所追求的共同目标保持着高度清晰的认知和一致的理解。他们不仅仅是表面上接受这些目标，而是深入地理解并全身心地投入到这些目标的实现中去。团队成员们不仅能认识到这些共同目标的重要性，还能将这些目标视为自己行动的指南针，确保自己的每一步行动都能够与团队的整体方向保持一致。

这种对目标的清晰认识和一致追求，源自于团队成员对团队使命和愿景的深刻理解和认同。使命和愿景是团队文化的核心，是推动团队前进的精神力量。当每位成员都能够理解并认同这些核心价值观时，他们就会自然而然地将个人的努力与团队的目标同步，从而形成一种强大的向心力。

这种向心力的存在，确保了团队成员在面对挑战和困难时，能够保持团结一致，共同努力，克服障碍。因为他们知道，每个人的努力都是为了实现那个共同的、已经深植于心的愿景。这样的团队不仅能够有效地利用每位成员的专长和能力，还能够在成员之间建立起互信和支持，形成一个互相激励、共同进步的强大集体。

◎ 良好的沟通

在这样的团队工作环境中，成员之间的沟通渠道是极为开放和透明的。信息在团队成员之间自由流动，没有任何障碍或限制，每个人都能够毫无保留地表达自己的观点和想法，无论是对项目的看法，还是对工作流程的建议，或是对团队合作方式的想法，都可以畅所欲言。

这样的沟通环境也能鼓励每位成员都能够倾听和尊重他人的意见。在这样的氛围中，每个人的声音都被平等对待，每个人的意见都被认真考虑。无论职位高低，无论资历长短，每个人的意见都有其价值，都值得被听取和尊重。

◎ 高度的信任

成员们通过长时间的合作和相互支持，逐渐建立起了一种深厚的信任关系。这种信任不仅仅基于对彼此能力的认可，更建立在对团队成员间承诺的坚定信念之上。他们相信，每个人都会尽自己最大的努力去完成既定的任务，都会在关键时刻挺身而出，为团队的目标贡献出自己的力量。

这种信任是团队合作中最为宝贵的财富，它使得团队成员在面对挑战时能团结一致，相互依赖。在这样的团队氛围中，每个人都感到自己是被信任的，这种感觉极大地激发了他们的工作热情和创造力。

此外，这种深厚的信任关系还为团队成员提供了一个安全的环境，使他们敢于表达自己的想法和意见，不必担心被误解或质疑。这种开放式交流进一步促进了团队内部的沟通，有助于集思广益，找到最佳的解决方案。

◉ 有效的领导和管理

团队背后，通常存在一个或多个出色的领导者，这些领导者不仅能够为团队提供明确的指导，还能够激励团队成员，激发他们的潜能和创造力。

领导者通常具备卓越的洞察力和决策能力，能够在复杂多变的情况下，为团队指明方向，确保每位成员都明白自己的职责和期望。这种明确性是高效团队不可或缺的要素，因为它减少了混乱和不确定性，使团队成员能够集中精力，有效地完成任务。

除了提供指导，优秀的领导者还能够通过各种方式激励团队成员。他们认可和奖励出色表现的人员，同时也关注个人成长和发展，为团队成员提供学习和进步的机会。这种激励不仅仅是物质上的奖励，更多的是精神上的支持和鼓励，它能够增强团队成员的归属感和自豪感，进而提高团队的整体士气。

领导者还必须具备平衡任务和人际关系的能力，确保团队内部的和谐合作，避免产生冲突和不必要的摩擦。这要求领导者掌握有效的沟通技巧和解决冲突策略，能够倾听团队成员的意见和需求，公正处理各种情况，以维护团队的稳定和团结。

● 强烈的归属感和责任感

当团队成员认为自己对团队的成功负有不可推卸的个人责任时，他们会更加主动地贡献自己的想法和努力，他们会在团队讨论中积极发言，提出建设性的意见，并在执行任务时展现出极高的热情和专注度。这种积极参与不仅增强了团队的凝聚力，也提高了团队工作的效率和质量。

随着团队取得一个又一个新的成就，成员们会深感自豪。他们知道，这些成就不仅仅是团队的胜利，也是他们个人努力的成果。这种成就感会进一步激励团队成员，使他们在未来的工作中更加投入，更加努力地为团队的成功贡献自己的力量。

● 适应性和灵活性

在这样的团队中，成员们会渐渐不满足于传统的思维模式和解决方案，而是积极寻求创新的方法来解决问题。他们鼓励彼此跳出固有的思维框架，通过团队合作和集思广益，找到更为有效且富有创造性的解决方案。这种创新的思维方式不仅能够帮助团队解决眼前的难题，还能够为团队在未来的发展中打下坚实的基础。

高效的团队凝聚力还体现在成员之间的相互信任和支持上。每位成员可以依靠团队中的其他人，无论是面对技术上的难题，还是处理复杂的项目。这种相互依赖和信任，构建了一个稳固的合作平台，使得团队成员在面对困难时，更加团结一致。

庆祝成就

这种庆祝的形式可以是多种多样的，比如举办一次简单的聚餐、组织一场小型的户外活动，或者是在办公室内举行一个小型的庆祝会议。

这样的庆祝活动不仅是对成果的一种肯定，更是促进团队建设的重要手段。在共同庆祝的过程中，团队成员之间的交流和互动会增多，他们在轻松愉快的氛围中分享彼此的感受和经历，从而加深对彼此的了解和信任。这种增强的相互理解和信任是团队凝聚力的重要基石，它能够使成员们在面对未来的挑战时更加团结一致。

庆祝活动也是一种有效的激励机制。当团队取得了成绩，通过庆祝来认可成员的努力和贡献，可以极大地提升团队士气，激发成员们的积极性和创造性。在这样的正向激励下，团队成员会更加积极地投入到接下来的工作中，不断追求更高的目标，为团队的发展贡献力量。

如何盘活散漫没活力的团队

要振兴一个表现散漫、缺乏活力的团队，首要任务是深入分析并识别出导致团队目前状况的根本原因。这个过程需要细致入微地观察团队的运作以及成员之间的互动，以便找出问题所在。可能导致团队表现不佳的因素有很多，其中包括：

○ 沟通障碍

团队成员之间可能存在沟通不畅的问题，这可能是由于缺乏有效的沟通渠道，或者团队成员不愿意分享信息和想法，导致团队内部信息流通不畅，进而影响团队的协同工作和决策效率。

○ 目标不明确

团队可能没有一个清晰的方向或共同的目标，这使得成员们难以集中精力，无法形成合力推动项目向前发展。

◎ 工作环境问题

团队的工作环境可能存在不利于成员工作和创新的因素。这些因素可能包括物理环境的问题，如办公空间的布局不合理，或者缺乏必要的工具和资源；也可能是心理环境的问题，如团队文化不鼓励积极贡献或者存在过度的压力。

◎ 动力和参与度不足

团队成员可能缺乏足够的动力去投入到工作中，这可能是因为他们对自己的工作感到不满意，或者觉得自己的努力没有得到认可。此外，如果团队成员感觉自己在团队中的角色和贡献不被重视，他们的参与度也会降低。

基于以上可能出现的问题，团队领导者需要对症下药，可采用的方式如下：

◎ 增强沟通

为了促进团队成员之间的有效沟通，可以定期举行团队会议。这些会议可以被安排在固定的时间，以便所有成员都能够提前做好准备，并且有足够的时间来调整自己的日程安排。在会议中，鼓励开放式对话是很重要的。也就是说，每个人都应感到自己的意见和想法受到重视，无论其职位高低或经验深浅。

开放式对话的鼓励可以通过多种方式实现，例如设定"无错误"的环境，确保每个人都能在没有恐惧的环境下自由表达自己的想法。会议的主持人（一般为领导）可以采取轮流发言的方式，让每个人都有机会分享自己的观点和建议。此外，可以鼓励团队成员积极提出问题和挑战，以推动更深层次的讨论和激发创新思维。

◯ 明确目标和期望

作为团队领导者或管理者，你需要确保这些目标不仅停留在纸面上，而且要能被每位成员所理解和接受。这通常要求领导者组织会议或讨论，以确保每位成员都有机会聆听、理解并提问有关目标的问题。

除了共同目标之外，每位团队成员还需要清楚地知道他们在团队中的角色和责任。他们要知道自己如何工作才能与团队的整体目标相结合，以及他们需要完成哪些具体任务来推动团队向前发展。为此，需要提供详细的职位描述、角色期望和具体的工作分配。

为了进一步确保每位成员都明确自己的角色和期望，你可以采取以下几个步骤：

一是定期举行团队会议，讨论目标、进展和任何潜在的问题。

二是提供清晰的沟通渠道，以便团队成员在有疑问时可以寻求澄清。

三是通过一对一的会谈，帮助每位成员理解他们的个人贡献对整个团队的成功至关重要。

四是设定明确的目标和里程碑，让团队成员可以看到他们的工作如何直接影响团队的成果。

五是鼓励团队成员之间进行积极交流，以使他们能够相互了解各自的不同角色和责任。

在设定目标时，你可以采用"SMART"原则，这在第七章"团队提升业绩规划'五步走'"小节中已有过介绍。

激励和奖励

激励机制可以采取多种形式，其中最直接的是金钱奖励，比如奖金、提成或者其他任何形式的财务补偿。金钱奖励通常能够提供即时的满足感，对于提升员工的工作动力有着直接的正面影响。

除了金钱奖励之外，认可也是一种强有力的激励手段。通过公开表扬优秀团队成员的贡献，不仅能够增强他们的成就感，还能够在团队中树立榜样，激发其他成员追求卓越的热情。这种认可可以是正式的表彰仪式，也可以是非正式的赞扬，关键在于让团队成员感受到他们的努力被看见并且受到尊重。

晋升机会作为激励的另一种形式，对于那些有抱负和渴望职业发展的团队成员来说尤为重要。提供晋升路径和机会，可以让团队成员看到自己未来的发展方向，从而更加积极地投入工作，以期达到更高的职位要求。

此外，还可以提供其他形式的奖励，如额外的休假时间、专业培训机会、参加行业会议的资格等。

心要慈，行动要快，让团队"土壤"健康

有一位朋友，他最近刚刚晋升为一名管理者。在一次与他吃饭聊天的过程中，他曾问："我这个人的性格天生就比较仁慈，我觉得作为一名领导，应该要更加坚定和果断，有时候甚至需要做出一些艰难的决定。但我发现自己很难做到这一点，我应该怎么办呢？"

我认真地告诉他："你的内心可以充满仁慈，这是你的优点，但在决策和行动的时候，你一定要保持果敢和坚定。"

为了让他更好地理解观点，我给他举了一个《三国演义》中的经典例子，那就是"挥泪斩马谡"的故事。我问他："你知道诸葛亮在斩马谡的时候，他的心情是怎样的吗？"我继续说："诸葛亮在做出这个决定的时候，他的心其实是很痛的。他非常舍不得马谡。当士兵将马谡押下去的时候，他哭得泣不

成声。但是，他知道，为了整个大局，为了团队的利益，他必须做出这样的决定。所以，在行动上，他没有任何犹豫。"

我看着他，希望他能从这个故事中得到启示。我说："作为一个领导者，你心中可以有仁慈，但在关键时刻，你需要展现出坚定和果敢。这样，你既能保持自己的本性，又能确保团队的利益。"

对于一个优秀的领导者来说，仁慈与果断缺一不可。

仁慈是一种共情能力，它使领导者能够深刻理解和关心团队成员的情感和需求，通过展现对团队成员的关怀，领导者不仅能够建立起基于相互尊重和理解的良好人际关系，还能够培养一种深厚的信任感。

仁慈并不意味着软弱或犹豫不决。在关键时刻，果断的品质就显得尤为重要了。果断意味着在面对挑战和机遇时，能迅速做出明智的决策。这种决策力不仅体现了领导者的决断能力，也是维护团队利益和确保团队目标得以实现的关键。当领导者展现出果断时，他们向团队传达了一个明确的信号：尽管我们关心团队每位成员的感受和意见，但在关键时刻，我们能够迅速采取行动，确保团队不会偏离既定的轨道。

对于团队中的一些害群之马，要果断将其驱逐出去，不因心软或个人情感而姑息纵容。

将仁慈与果断巧妙结合，领导者便能在人性关怀和权威指导之间找到理想的平衡点。这种平衡使得领导者在领导团队时既能展现出温情的一面，又能在关键时刻坚定地作出决策，同时，团队成员不仅能感受到被重视和理解，更能清楚地知道在追求团队目标的过程中，领导者会不遗余力地引导他们前进。这样的领导风格，既能激发团队成员的积极性，又能确保团队在面对挑战时能保持正确的方向和强劲的动力，从而更好地推动团队向着既定的目标发展。

Part 10 怎么管理问题下属

做好这几点，让人信服你

作为团队的领导者，需要承担指引方向和激励团队的重要职责。在众多职责中，最为关键的一点便是建立起与下属之间的信任关系。信任是团队合作的基石，它能够消除疑虑，增强团队成员之间的凝聚力。当领导者赢得下属的信任时，他们便能在更加和谐的工作环境中展开工作，因为每个人都深信领导者的决策是为了团队的最佳利益。

这种相互信任的氛围不仅能提高工作效率，更能激发下属的潜力，使他们更愿意为团队的成功贡献自己的力量。在这样的环境中，下属会自然而然地对领导者产生敬意，愿意遵循他们的指导和建议。他们会真心实意地听取领导者的意见，因为他们深知领导者的决策是出于对整个团队的考虑，而非仅仅完成任务。

● 控制好自己的情绪

作为一名企业领导者，首要任务就是要确保团队的士气和情绪能得到有效的管理和调节。如果你自己都无法妥善处理好自己的情绪，那么完成这个任务将变得尤为困难。情绪管理是领导力的关键组成部分，它不仅关乎个人，也直接影响到团队的整体表现。

领导者需要认识到，自己的情绪状态会对团队成员产生影响。如果你无法控制好自己的情绪，那么在面对挑战和压力时，你可能会做出冲动的决策，或者以不当的方式对待团队成员。这样的行为不仅会损害团队的凝聚力，还可能导致员工士气低落，进而对整个企业的绩效产生负面影响。

因此，作为领导者，你必须学会如何在工作场合中管理好自己的情绪。你需要识别自己的情绪触发点，并采取相应的策略来应对。例如，当你感到愤怒或沮丧时，你可以选择暂时离开紧张的环境，进行深呼吸；或者与信任的同事或朋友交谈，冷静下来。

同时，领导者还需要为团队成员树立榜样，展示如何在适当的时机和场合表达并妥善处理情绪。这包括营造一个安全的环境，让团队成员能够敞开心扉。

● 能够在大家需要的时候及时出现

当同事在工作中需要你的指导或帮助时，他们希望能够迅速地找到你。因此，你要尽量确保自己在任何时间和地点都能通过电话、电子邮件或即时通信工具被团队成员联系到。

在团队中，紧急情况或重要任务的出现时有发生，在这些情况下，你的及时响应就显得尤为重要。你需要迅速认识到情况的紧迫性，并尽快赶到需要你的地方，以展现你对团队的坚定承诺和全力支持。

在关键时刻，如果团队成员无法联系到你，或者在你被需要的时候你选择回避，这无疑会对团队的信任和合作造成负面影响。这样的行为可能会让同事们感到失望，甚至怀疑你的责任感和对团队的承诺。

要想赢得团队成员的尊重和信任，让他们愿意听从你的指导和建议，你需要展现出更高的专业素养和团队精神。你需要让自己始终处于可联系的状态，并且在团队需要你的时候，提供必要的帮助和支持。

◯ 考核团队伙伴的工作标准要统一

为了确保工作效率和公平性，所有成员都应该遵循相同的工作标准和任务要求。无论团队成员之间的个人关系如何，我们都应确保这种私人关系不会对工作决策和行为产生任何影响。例如，一位团队成员与你建立了私人友谊，但这并不意味着在他们犯错或需要改进时，你可以对问题视而不见或给予不公正的偏袒。

确保团队成员受到公平对待是领导者和团队成员的共同责任。如果你因与某位团队成员有私交而偏袒他们，这可能会导致其他团队成员的不满，进而损害他们对你的尊重和信任。团队的凝聚力和效率可能会因此受损，这是因为团队其他成员可能会质疑你的决策是否出于个人利益而非团队的整体利益。

◉ 做人做事要光明正大

在工作场合中，有一种行为模式值得我们高度警惕并避免，那就是在面对上级领导时，表现得像情报人员一样，不断向领导告发自己团队伙伴的各种小过失和不足。这种行为，不仅显得个人缺乏团队精神，更会导致团队氛围变得紧张，充满不信任。

然而，当这样的人在面对自己的团队伙伴时，他的行为却发生了戏剧性的转变。他开始假惺惺地对待每一位团队成员，表面上对他们非常好，让人感觉他是一位值得信赖和依靠的伙伴。但这种双面人的行为，终究没能逃过那些明眼人的眼睛。他们清楚地知道，这类人当面一套背面一套，其真实面目远非其所表现出来的那样。

如果你也陷入了这种不良行为模式，那么你必须立即改正。因为这样的做法只会让团队的小伙伴对你失去信任，他们不再会对你言听计从，你的领导地位也会因此受到质疑。因此，你必须牢记这一点：不打小报告。无论面对的是谁，无论在什么情况下，你都要保持一致的态度，对每一位团队成员都公平对待，只有这样，你才能赢得他们的尊重和信任，才能成为一名真正优秀的团队领导者。

要有专业的培训

想一想，当你自己都缺乏足够的知识和技能时，你又该如何去提升整个团队的能力呢？

团队的领导不仅仅是负责指挥和协调，更是需要具备对整个团队的掌控能力和对大局的理解。

领导者不仅要能够把握团队的方向，还要能够引领团队走向成功。如果你不能提供有效的指导和启发，那么团队成员可能会觉得他们的时间和努力被浪费，这对团队的士气和效率都会造成不小的打击。

在这种情况下，单纯地"授人以渔"——即仅仅提供方法和技巧——可能是不够的。因为团队需要的不仅仅是解决问题的方法，更需要的是一个能持续学习和成长的环境，以及能适应市场不断变化的能力。因此，作为团队的领导者，必须深刻认识到专业培训的重要性。

专业培训可以提供系统的知识和技能学习，它不仅能够帮助团队成员掌握当前所需的技能，还能够让他们具备预见未来需求和挑战的能力。通过专业培训，团队成员可以不断提升自己的能力，为团队贡献更多的价值。同时，专业培训也能够帮助领导者提升管理水平，更好地理解团队的需求，从而制定出更为有效的战略和计划。

下属懒，业绩又差的解决办法

◉ 沟通与了解

首先，你可以采取一对一沟通的方式与下属进行深入的交流。这种个别对话的形式，为下属提供了一个安全、开放的平台，使他们能够坦诚地分享在工作过程中遇到的种种困难和挑战。通过这样的沟通，你不仅能够更贴近实际，洞察员工的工作状态，还能够建立起信任和尊重，从而增强团队的凝聚力。

在这个过程中，你需要耐心聆听下属的反馈，细致地了解问题的具体表现和背景。有助于你从多个角度深入分析问题的根源，可能是员工的职业发展需求没有得到满足，可能是工作环境中存在某些不利于员工发挥的因素，也可能是团队资源分配不均、不足，导致下属在完成任务时感到力不从心。此外，技能不匹配也是常见的问题之一，员工可能因为缺乏必要的培训或指导，而难以胜任职位要求，这会导致工作效率下降，进而影响整体的工作成果。

◯ 目标设定

接下来，在沟通过后，你需要为下属设定具有针对性的工作目标。这些目标不仅要清晰明确，还要具体可量化，以便下属能够清楚地了解他们需要达到的绩效水平。同时，这些目标要具有一定的挑战性，以激励下属超越自我，但同时也要确保这些目标是实际可行的，避免设定过高的期望导致下属感到沮丧和挫败。（参考"SMART"原则）

在设定目标时，需要深入了解下属的个人能力和潜力，确保所设定的目标与他们的技能和经验相匹配。通过将目标与下属的个人职业规划相结合，可以激发他们的工作热情，提升他们对工作的投入度和满意度。

此外，你还可以与下属定期进行沟通，而不是安排完任务就结束了。你需要与他们讨论目标的进展情况，提供必要的支持和资源，帮助他们克服工作中遇到的困难。这种持续的互动不仅有助于维持下属的工作动力，还能及时发现问题并调整目标，确保它们始终与团队和个人的最佳利益保持一致。

◯ 培训与发展

当下属的工作业绩不尽如人意，且这种状况主要是由于他们缺乏必要的技能时，作为管理者或领导者，你有责任采取相应措施来帮助他们克服这些障碍。一种有效的方法是提供针对性的培训和职业发展机会，以便他们能够在工作中取得进步。

具体来说，你可以组织一系列的专业培训课程，这些课程旨在针对下属目前所缺乏的技能领域。这些培训可以是内部组织的，也可以是邀请外部专家提供的，关键是要确保培训内容与下属的实际工作需求紧密相关。通过这样的专业培训，下属不仅能够学习到最新的行业知识和技术，还能够在专家的悉心指导下，实践并提升自己的工作技能。

除了正式的培训课程之外，你还可以通过鼓励在职学习的方式来帮助下属提升自己。这包括为他们分配实际的工作任务，让他们在完成这些任务的过程中学习和成长。例如，你可以安排他们参与一些具有挑战性的项目，或者让他们在有经验的同事的指导下，处理一些复杂的工作。通过这些方式，下属不仅能够在实战中锻炼自己的技能，还能够更好地理解工作流程，并深刻认识到团队协作的重要性。

为了确保培训和发展计划的有效性，你还需要对下属的进步进行跟踪和评估。这可以通过定期的绩效评估、反馈会议以及对个人发展计划的及时更新来实现。通过这些方法，你可以帮助下属明确他们的长期职业目标，并制定实现这些目标的具体步骤。

◉ 监督与反馈

身为领导者需要加强对下属工作的监督力度，这不仅仅是对工作流程的监督，更是对工作成果的关注。你要定期检查工作进度，确保每一项任务都能按时完成，同时也要对工作质量进行把关，确保每一份工作成果都能达到预期的标准。

当下属在工作中表现出色时，你要给予正面的反馈，这不仅能增强他们的工作积极性，还能提升他们的自信心。同时，你也可以提供建设性的批评，帮助下属认识到自己的不足之处。这种批评要具有指导性，目的是帮助下属成长和进步，而不是简单地指责或贬低。

通过这样的方式，你可以更好地帮助下属认识到自己在工作中的不足，从而激发他们改进的动力。同时，更应该鼓励下属积极面对挑战，勇于尝试新的方法和技术，以便不断提升自己的工作能力。通过持续的学习和改进，下属将能够更加熟练地掌握工作技能，提高工作质量，最终为团队创造更大的价值。

◉ 优化工作环境

当然，还可以通过改善工作环境，营造一个充满积极性、鼓励合作与相互支持的氛围。一个良好的工作环境不仅仅是指物理空间的舒适性和功能性，更重要的是心理和社会文化层面的健康性。当员工感受到他们被尊重、价值被认可，并且有机会在团队中发挥自己的长处时，他们的工作满意度会自然而然地提升。

在这样的环境中，员工们更愿意分享知识，互相帮助解决问题，这种协作精神不仅能够促进个人成长，还能够增强团队的整体效能。此外，当工作环境鼓励创新和自我表达时，员工们更有可能提出新想法，这些想法也极有可能转化为改进工作流程、提高产品或服务质量的机会。

工作效率的提升往往是良好工作环境的直接体现。员工在好的工作环境中工作时，他们的心情会更好，压力水平会降低，这有助于减少请假和人员流动率，进而提高工作效率和整体生产力。同时，员工满意度的提高也会使客户服务质量提升，因为快乐的员工往往能更好地为客户服务，从而提高公司的客户满意度和忠诚度。

◉ 角色调整

经过一系列的指导和帮助之后，如果下属依然无法达到工作的基本要求，那么作为管理者，你可能需要重新评估其在团队中的位置和职责。这种调整并不是对下属的否定，而是一种积极且富有建设性的管理策略。目的是为了确保每位团队成员都能在适合自己的位置上发挥出最大的潜能。

比如，你可以根据下属的技能和兴趣，将他们调配至更适合的岗位，或者调整他们的职责，以便他们能够在一个更有利于他们成长的环境中工作。这样的调整不仅有助于下属的个人成长与发展，还能提升整个团队的效率和士气。

● 最后方式

如果已经尝试了所有可能的方法，包括提供反馈、进行培训、调整工作职责等，但下属的表现仍然没有明显改善，那么作为管理者，可能需要考虑采取更为严肃的措施。这些措施可能包括向下属发出正式的警告，明确告知其表现不佳的严重性，并警示他们如果不改进可能会面临的后果。

在某些情况下，如果下属的工作表现持续低迷，严重影响团队的工作效率和氛围，甚至阻碍公司的业务运行，那么可能需要考虑对其进行降职处理。这样的决策同时也向其他员工传递一个明确的信号，即公司对工作表现有严格要求。

在极端情况下，如果上述方法都无法改善下属的表现，或者其行为已经严重违反了公司的规定，对公司造成了严重的损害，那么可能需要考虑解雇该员工。这是一项极其严肃的决定，需要慎重考虑，因为解雇不仅会影响到被解雇的员工，也会对其他员工产生一定的影响。但为了保护团队的整体利益，有时这样的决策是必要的。

下属思想僵化，造成团队失去活力的解决办法

当一个人长期囿于同一个团体或岗位时，很容易陷入一种舒适状态。这种状态可能会使他们对外界的新信息和新观念听而不闻、视而不见，从而导致思维僵化，满足于现状，不思进取。长此以往，个人的能力和水平可能会停滞不前，甚至还会出现倒退的现象。

当人员开始流动，无论是跨部门、跨公司，还是跨行业，这种变化都会迫使他们面对新的环境和挑战，从而激发他们开创新局面的动力。这种动力促使他们不断学习新知识，掌握新技能，以实现新的成就。这种不断的挑战和成长，不仅有助于个人的职业发展，还能使他们更好地适应不断变化的社会和经济环境。

从群体的角度来看，人员流动同样具有重要意义。它能够为团队注入新鲜血液，提高团队成员的活力和竞争意识。在一个人员流动性较高的团队中，成员们会更加积极地参与工作，因为他们深知只有不断自我提升，才能在激烈的竞争中站稳脚跟。这种健康的竞争机制，不仅能够提高工作效率，还能够激

发团队内部的创新和协作精神。

对于企业而言，如果员工长期固定不变，企业就会缺乏新鲜感和活力感，这种稳定性可能会导致企业文化僵化，员工惰性增加，进而削弱企业的竞争力。因此，作为管理者，必须采取措施让企业内部变得活跃起来。这可以通过多种方式实现，比如从外部引进优秀人才，或者在内部实施有效的绩效管理和晋升机制，以此引入健康的竞争机制。

◎ 推行绩效管理，让员工紧张起来

一个企业的动力机制要想发挥出最大的效能，其核心在于如何将员工的薪酬、晋升以及淘汰机制与绩效管理系统紧密结合。这种结合的紧密程度，直接决定了动力机制的有效程度。

在这个体系中，每一层级的主管与其下属之间的沟通显得尤为重要。他们需要就绩效目标的设定以及绩效考核的结果进行深入的讨论和确认。这不仅能够提高管理沟通的质量，还能让员工对需要完成的工作目标产生强烈的责任感，进而促使他们积极投入，全力以赴。

绩效管理的过程，实际上是主管不断帮助下属明确工作职责，并指导他们如何高效地完成工作，以达到预定的目标。作为管理者，你必须清晰地知道要达成的结果是什么，以及为了这一结果需要采取的具体管理行为。因此，绩效考核不仅仅是主管对下属工作表现的考核，也是对主管自身管理能力的考量。这样的考核机制，不仅能够激发下属的积极性，还能促使各级主管积极履行职责。

推行绩效考核，实际上是企业为改变现状、谋求发展而释放的一个明确信号。员工很快就会意识到，企业正在经历一系列的变革，进而产生一种紧迫感。通过这样的考核体系，企业能够在工作要求与员工的个人能力、兴趣以及工作重点之间，找到一个最佳的契合点。

同时，这样的考核机制还能增强管理人员、团队和个人在追求持续进步方面的共同责任感。它能够引导员工不断成长，不断提升自己，从而助力企业长远的发展目标。

● 在组织中构建竞争型团队，通过营造竞争环境来形成"鲶鱼效应"

我的一位朋友是一家发展迅速的小型软件公司的创始人，他曾经跟我说："公司要想得到发展，就必须保证没有人能在这里感到过于安闲舒适。"

他认为，一味安闲舒适是创新和进步的天敌。为了保持公司的竞争力，他积极鼓励并支持各个团队之间展开健康有序的竞争，无论是公司内部资源的分配，还是外部市场份额的争夺。这种内部竞争并非无序的争斗，而是通过精心设计的机制，确保每个团队都能在公平的环境下充分展示自己的能力和创意。

公司内部的竞争策略包括了一系列激励措施，旨在激发员工的积极性和创造力。这些措施使得员工在追求个人和团队目标的同时，也能感受到与外部市场相似的压力，包括经费的紧张、人力资源的紧缺以及业务发展的紧迫性。这种模拟市场压力的策略，不仅提高了员工的危机意识，也锻炼了他们解决问题的能力。

这样的工作环境和文化，使得公司的员工始终保持着一种积极进取的战斗状态。他们时刻准备着迎接新的挑战，不断地寻找创新的方法以提升工作效率和产品质量。这种持续的战斗状态，不仅让员工个人能力得到了极大的提升，也为公司带来了持续的发展动力。

◎ 寻找组织中的潜在"明星"并加以重用

在用人方面，寻找并培养能干的人才是至关重要的。当组织中充满了这样的人才时，每个人都会有一定的紧迫感，一旦有了压力，就会激发出他们拼搏进取的精神。这种紧张感和压力会促使他们不断努力，从而推动整个团队发展。

那么具备潜在"明星"条件的员工应具备哪些特质呢？

其一，这些员工应具备饱满的工作热情和强烈的进取心。他们对工作充满激情，总是渴望能够取得更好的成绩。通常，只要给予他们具有挑战性的任务和更大的责任，他们就能够展现出超越当前所承担任务的工作能力，并取得出色的业绩。

其二，这些员工应有雄心壮志，不满足于现状。他们有着远大的目标和抱负，总是追求更高的成就。他们有能力带动他人高效完成任务，敢于做出决策，并勇于承担后果。在解决问题时，他们表现出色，能够迅速找到解决方案，并且相较于他人，他们展现出更快的进步速度。

管理"刺头"员工的"5利"模型

在职场中，有些"刺头"员工总是让人头疼，尤其是当他们还是你们下属的时候。

实际上，有些"刺头"的能力通常非常强，如果能够安抚他们并为己所用，无疑是一件皆大欢喜的事情。可是，"刺头"能把身上的刺收敛起来就已经不错了，难道还能管理好他们吗？

当然有，只要充分掌握下面的"5利"模型。

○ 名利

人们普遍渴望得到他人的认可和尊重，这种心理需求源自人类深层的社交本能。大多数人对他人的评价和看法非常敏感，他们倾向于寻求正面的反馈，如肯定和赞扬，而对批评和否定则感到恐惧和不安。这种心理现象在职场中尤为明显，特别是在处理那些行为出格、不遵守规定的"刺头"员工时。

作为管理者，理解和利用这种人性中的心理需求是很重要的。当面对那些经常迟到、无法按时完成工作、频繁犯错、效率低下、不遵循既定规则和流程的员工时，你可以采取一种策略性的管理手段。这种手段的核心在于，通过公正且公开的方式处理这些员工的不当行为，以此来施加适当的心理压力，促使他们认识到问题并主动改正错误。

具体来说，你可以在团队会议或者公共场合中，对"刺头"员工的行为进行建设性的公开讨论。这样做的目的不是为了羞辱或贬低他们，而是帮助他们意识到自己的行为对团队和组织造成的负面的影响。在同事面前被指出问题，可能会让这些员工感到一定的羞愧和不舒服，但更重要的是，这种讨论应能激发他们改正错误的决心和动力。

对于大多数普通员工的小过失，你可以选择私下解决，以避免给他们带来不必要的尴尬和负面情绪。这种差异化的处理方式，既能够维护团队的和谐，又能够对那些需要特别关注的员工起到警示作用。

通过这种"高调"的处理方式，管理者能够明确地向"刺头"员工传达一个信息：不良的工作习惯和行为是不会被容忍的。这种方式既能让这些员工感受到一定的压力，同时也能激励他们在未来更加积极地融入团队，遵守规章制度，避免与领导和同事产生不必要的对立和冲突。

○ 钱利

对于"刺头"员工，作为管理者，你需要采取更为细致和策略性的管理手段。一个有效的方法是密切关注他们的日常工作表现，如果发现工作中有错误或不足，可以采取行动，以严肃而公正的态度处理问题，你可以适当用对物质（金钱）方面的处罚作为手段之一，但更重要的是，要将其上升到团队纪律和工作标准的高度。

有一位朋友，他的一名下属由于操作失误，导致某一天的产品销售额比预期下降了20%。这一数字对公司来说是一个不小的打击，因此他决定采取果断措施。他组织了一次部门集体会议，目的是让全体成员都意识到这一问题的严重性，并且明确公司对工作质量的期望。

在会议上，他不仅对该名下属进行了金钱上的处罚，以此来表达对其错误行为的不满和警示，同时，他也对该员工的专业能力提出了具体的反馈和改进建议。这样做的目的具有双重性：一方面，是为了让该员工深刻认识到自己的行为给团队造成的负面影响；另一方面，也是为了提醒其他员工，公司对每个人的工作表现都有明确且严格的要求。

面对这样的公开质疑和处罚，那名下属在全体同事面前郑重地承诺：如果再犯下同样的错误，他将主动辞职并离开公司。这样的承诺不仅对他个人构成了一种压力，也对其他员工起到了警示作用，让大家明白公司对工作失误的态度是严肃且不容妥协的。

○ 情利

无论是那些表现平平的普通员工，还是那些行为叛逆、经常与管理层发生冲突的"刺头"员工，他们都有自己的社交圈。这些圈子通常由一些关系较好的同事组成，他们在工作和日常生活中相互支持。对于管理者来说，当面对拥有挑战性的"刺头"员工时，如果直接采取行动可能会引起不必要的冲突，甚至可能影响整个团队的士气。

在这种情况下，你可以采取一种更为巧妙的策略：通过关注那些与"刺头"员工关系密切的同事来间接施加影响。这种做法的核心在于，通过与这些关系者进行沟通和合作，逐步向他们传达一个信息，希望他们能在适当的时机以非正式的方式提醒"刺头"员工认真对待工作。

通过这种方式，你可以潜移默化地影响团队成员的社交行为，提高他们的工作态度和效率，同时，这种方法也有利于维护团队的和谐与稳定。

○ 功利

有些"刺头"员工可能表现出一种刚愎自用的态度，他们自视甚高，认为自己的能力和才智远超同事，甚至会显得有些傲慢。面对这样的员工，传统的管理方法可能并不奏效，这时候，你可以采取一种更为巧妙的策略，那就是适当"吹捧"。

该策略的核心在于利用这位员工的自负心理。在团队和老板面前，你可以适当赞扬他的能力和才华，让他觉得自己确实是团队中不可或缺的一员，甚至是能够承担起重大责任的关键人物。你可以着重强调他的独特能力和巨大潜力，以及他如何适合承担更具挑战性的任务。在赞扬的同时，你还需要保持一定的平衡，避免过度吹捧，以免让他产生更大的自负心理。

在这种策略下，你可以给这位员工分配一个实际上对他来说非常具有挑战性，甚至可能超出他当前能力范围的任务。由于这项任务的难度较高，他在执行过程中很可能会遇到重重困难，无法取得预期的进展。在这个过程中，他可能会犯错，也可能会因为无法完成任务而感到挫败。

此时，正是你作为领导者展现自己领导能力的机会。你可以在这个时候介入，为这位员工提供必要的指导和支持，帮助他认识到自己的局限性，并引导他学习如何更好地与团队合作，以发挥自己的长处。通过这样的过程，你不仅充分展现了自己的领导力和管理能力，还帮助这位员工认识到自己并非无所不能，从而促使他更加谦逊地与团队成员合作，共同为公司的目标奋斗。

● 人利

读书的时候，老师在安排学生座位时，会有意识地将性格活跃、好动的学生与性格沉稳、安静的学生安排在一起坐同桌。这样做的目的，是为了让两种不同性格的学生能够相互影响，从而在性格上达到一种动态的平衡，促进学生的全面发展。

在职场上，管理者也可以借鉴这种方法。通过观察和了解员工的性格特征，将他们以互补的方式搭配起来，以此来提高工作效率和团队合作的协调性。如果有一位员工比较散漫，经常找人聊天，这会分散其他同事的注意力，影响工作效率。在这种情况下，你可以考虑将他与一个性格内向、不苟言笑的同事安排为搭档。这样，爱说话的员工可能会受到内向同事的影响，减少不必要的闲聊行为，从而增强两人的工作效率和协作精神。

这种做法并不是简单的配对游戏，它需要管理者对员工的性格有深入的理解和精准的把握。每个员工都是独一无二的个体，他们的性格特点千差万别。因此，在进行员工搭配时，需要综合考虑多方面的因素，包括员工的性格、工作习惯、专业技能以及团队的整体需求。尽管这项工作难度很大，但只要管理者能够准确地把握员工的性格，并合理地运用"一物降一物"的原则，就能够有效地促进团队成员之间的互补和协作，进而提升整个团队的工作效率和凝聚力。

怎么招人、用人、留人 Part 11

招聘人才的标准

对于很多企业的管理者或老板来讲，招到合适的人才是一项相当具有挑战性的任务，甚至很多时候，他们自己都不清楚究竟需要什么样的人才。

我的一位朋友在国内一家知名企业当主管，有一次和他沟通时，他向我阐述了他所在企业的用人标准，我深受启发。

在用人标准这一关键领域，该企业建立了一套既科学又具有特色的人才管理体系。

第一，十分重视任职资格与能力模型的构建和运用。任职资格体系是该企业基本管理体系的重要组成部分，它确保了员工在岗位上的资格与职责相匹配，为公司的高效运营提供了坚实的基础。同时，能力模型也是企业人才选拔过程中的关键工具，它通过明确的能力要求，使得人才的筛选和评估更加科学和高效，从而提高了组织在人才选拔方面的效率。

能力模型在管理人员的选用和培养方面发挥着重要作用。公司认识到，一个精准且完善的能力模型能够帮助企业更好地识别和培养具有潜力的管理人才，为企业的长远发展储备关键人力资源。企业也清楚地指出，能力模型的实施并非易事，它需要根据公司的具体实际情况进行细致的调整和应用，以确保模型的有效性和适应性。

第二，精心构建自己的任职资格体系，并将胜任力模型整合其中。胜任力模型被该企业视为人才管理中最核心的部分，它不仅涵盖了员工的专业技能，还包括了领导力、团队合作能力等软技能。通过这一模型，能够更全面地评估员工的能力，从而在人才选拔、培养和激励等方面做出更为精准的决策。

第三，在招聘和选拔人才的过程中，应特别强调合作精神和团队合作能力的重要性。一个企业的成功与否，很大程度上取决于其员工是否能够展现出卓越的合作精神。在许多企业中，由于团队成员之间缺乏有效的沟通和协作，往往会导致团队工作效率低下，项目进展缓慢，甚至可能出现内部矛盾和冲突。

为了应对这一挑战，该企业在其用人标准中明确指出，公司看重那些具有强烈合作意愿和能力的人才，并认为只有当员工在团队中充分发挥协作的力量，共同面对挑战时，才能推动企业的持续发展和创新。因此，该企业致力于营造一种以团队合作为核心的企业文化，积极鼓励员工之间的相互支持和协作。

要在企业内部培养出一种稳固的团队合作精神，关键在于从招聘阶段就精心选择那些具备合作精神的人才。在招聘过程中，企业会通过各种方式，如面试、团队活动、案例分析等，来全面评估应聘者的团队合作能力和态度。只有当每个团队成员都能够深刻理解并认同合作的价值，才能够形成一个高效、和谐的工作环境。

第四，该企业始终坚守一个鲜明而独特的原则——不唯学历。这一原则不是空洞的口号，而是深深植根于企业文化之中，体现在招聘、晋升和培训等各个环节。

"如果仅仅因为一个人拥有高学历就聘用他，而忽视了他的实际工作能力和潜力，那么，这不仅是对这个人的不负责任，更是对企业资源的极大浪费。"公司创始人认为，这种做法无异于一种奢侈性的消费，它对于企业的长期发展没有任何实质性的帮助。

作为一家始终秉持以结果为导向的企业，应更加注重员工的实际能力和为企业创造的价值，而非仅仅看重员工的学历、资历或地位。一个人的学历只能代表他的教育背景，而真正的能力才能决定他在未来的职业发展中能走多远。因此，在招聘员工时，该企业更看重的是员工的个人能力和潜力，以及他们是否能够为企业创造更多的价值。

坚持"不唯学历"的用人标准，不仅体现在招聘环节，更贯穿于对员工的培养和提升过程中。企业在注重员工的个人能力提升的同时，积极提供各种培训和学习机会，帮助员工丰富自身的技能和知识，使他们在各自的职位上能够发挥更大的价值，为企业创造更多的贡献。

选择新人时，这几种人一定不能用

在选择新人时，要综合考量他们的整体素质和特点。虽然一些人在交流能力上有所欠缺，但这并不意味着他们一无是处，因为他们可能有很强的专业能力，非常适合担任某些技术岗位。

然而，有些人的特性是招聘时的"雷区"，一旦遇到这些特性，就需要格外谨慎，甚至避免将其纳入团队。

● 缺乏团队合作精神的人

在当今的工作环境中，团队工作的重要性不言而喻。它要求团队成员之间建立有效的沟通渠道和紧密的协作关系。这是因为，当团队成员能够顺畅地交流思想、分享信息，并且相互支持时，团队的整体表现往往会更加出色。

但有些个体可能习惯于独立工作，他们可能在以往的经历中习惯了单打独斗，或者在性格上更倾向于独自完成任务。虽然这种工作方式在某些情况下可能是高效的，但在团队合作的环境中，过度的独立性可能会成为障碍。这些个体可能会因为不愿意与他人分享想法、资源或者不愿意接受他人的帮助而阻碍了团队的协作精神。

当这样的个体存在于团队时，他们的行为有可能会导致团队内部的不和谐，甚至可能对团队的决策过程和执行效率产生负面影响。团队成员之间的信任和默契是高效团队运作的基础，而这些个体的独立行为有可能会破坏这种信任和默契。

◉ 反感变化的人

随着技术的迅猛发展和市场需求的不断变化，企业和团队必须迅速调整策略以保持竞争力。在这样的背景下，那些能够迅速适应新环境、接受新想法并愿意不断学习新技能的员工，无疑将成为推动团队前进的关键力量。

对于那些抵触新想法、不愿意学习新技能或者适应新流程的人来说，他们可能会成为团队进步和发展的障碍。这种抵触情绪不仅会影响他们个人的职业发展，还可能对整个团队的创新力和效率产生负面影响。在一个强调团队合作和集体智慧的环境中，每个成员的态度和行为都会对整个团队的表现产生直接的影响。

同时，管理层也应当认识到，打造一个支持学习和创新的文化环境是至关重要的。他们可以通过提供必要的资源和培训机会，来鼓励员工积极探索新的解决方案和工作方法。此外，建立一种鼓励反馈和开放沟通的机制，可以帮助员工克服对变化的恐惧心理，提升他们的适应力和灵活性。

◎ 缺乏诚信的人

在工作环境中，如果一个人在过去的职业生涯中有过不诚实的行为，比如说谎、剽窃他人的创意或者盗用他人的工作成果，这些行为会严重损害其在同事中的信誉。

任何企业或组织都应该坚持这样一个原则：在筛选求职者时，对于那些在面试过程中表现出不诚实行为的应聘者，无论其技能和经验如何出色，都不应当被录用。诚信是职场中的一项基本素质，它直接关系到个人的道德品质和职业操守。如果一个人连基本的诚实都做不到，那么他在团队合作、工作责任感以及对公司规章制度的遵守方面都可能存在严重的问题。

不诚实的行为可能表现在多个方面，比如夸大自己的工作经验、教育背景或技能，提供虚假的推荐信，甚至是在面试中撒谎。这些行为不仅暴露了个人的诚信问题，还可能预示着他们在将来的工作中可能会采用欺骗或不正当的手段来达到目的或掩盖错误。

因此，企业在招聘新人时，应通过细致的背景调查、严格的面试流程和多轮评估来确保应聘者的真实性和可靠性。具体措施包括核实简历上的信息、联系前雇主获取工作表现反馈、进行能力测试，以及设置模拟实际工作情景的测试等。

● 消极态度的人

在任何工作场所中，积极的态度都是一种强大的力量，它能够为团队带来无尽的正能量。这种态度不仅能激发个人的工作热情，还能感染并鼓舞周围的人，营造出一种积极向上的工作氛围。当人们以积极的心态面对挑战时，他们更有可能找到解决问题的创新方法，从而推动项目向前发展。

相反，那些经常抱怨、持悲观态度或展现消极情绪的人，往往会对团队的整体士气产生负面影响。这样的情绪很容易在团队成员之间传播，导致工作效率下降。悲观和消极的情绪会削弱团队的凝聚力，使得团队成员难以集中精力应对工作中的挑战。若长期处于这样的环境中，员工的工作热情和创造力可能会受到抑制，进而对整个团队的表现和成果产生不良影响。

● 不愿意承担责任的人

一个团队的效能往往取决于每位成员的责任感和对共同目标的承诺。因此，如果一个人在面试或评估阶段表现出对承担责任的回避态度，这可能是一个明确的信号，表明他们可能不适合该职位或团队环境。

责任感是团队成员必须具备的核心素质之一，它涉及个人对自己行为后果的接受和深刻认识。一个愿意承担责任的人会在面对挑战时积极行动，而不是逃避问题。他们会承认自己的错误，并从中学习，而不是寻找借口或将责任推给他人。这种态度对于维护团队的凝聚力和促进有效沟通至关重要。

因此，在选拔新人时，必须仔细评估候选人是否具备责任感。通过提问、情景模拟或过往经历的讨论，可以深入了解他们的责任感水平。如果发现候选人在面对责任时犹豫不决或倾向于逃避，那么这样的个体可能会在未来的工作中成为团队的负担，影响整个团队的表现和士气。

下属跳槽和离职的原因

● 薪资待遇

员工在评估自己的职业发展路径时，常常会将薪资水平作为一个重要的考量点。如果员工发现自己的工资水平不足以支撑他们的日常生活开销，或者与同行业其他公司相比显得较低，这种薪资不匹配的情况往往会导致员工产生离职的念头。

在这种情况下，员工可能会觉得自己的辛勤工作没有得到应有的回报，或者认为自己的专业技能和贡献被低估了。这种感觉可能会引发不满和挫败感，进而促使员工开始寻找新的工作机会，以期能够获得更加合理的薪酬。因此，当员工在现有的工作中感受到薪资待遇不足以满足他们对生活质量的期望，或者与行业内的市场薪资水平不相称时，他们很可能会考虑通过跳槽来实现薪资的提升，从而改善自己的经济状况和职业满意度。

因此，管理者为了留住人才，需要关注员工的薪资期望，并尽可能地提供具有竞争力的薪酬福利，以确保员工感受到自己的工作得到了公平的经济回报。这样做，不仅能够减少员工因薪资问题而离职的情况，还能够提高员工的工作积极性和企业的整体竞争力。

◉ 工作环境和人际关系

当员工发现自己与同事、上级管理人员或整个公司的价值观和工作方式存在不契合时，这种不一致往往会导致工作中的不愉快和压力。

员工每天花费大量时间在工作场所，因此，一个积极、支持性的工作环境对他们的整体幸福感和工作满意度起到了举足轻重的作用。如果员工感觉自己被孤立，或者与团队成员之间存在持续的冲突，这可能会对他们的工作表现和心理健康产生负面影响。同样，如果领导的风格与员工的期望不符，或者管理方式让员工感到不被尊重或不被赋予足够的责任，这也可能导致员工对工作的不满，最终导致离职。

企业文化是另一个关键因素，它定义了组织的行为准则和工作氛围。员工希望能在一个与自己价值观相契合的环境中工作。如果他们发现企业的文化与自己的个人信念不一致，或者感觉公司文化并不支持他们的个人成长和职业发展目标，这可能会促使他们考虑寻找新的工作机会。

◉ 缺乏发展空间和晋升机会

当企业无法为员工提供足够的发展空间和晋升机会时，这无疑会成为员工考虑离职的一个重要因素。员工的职业抱负并不总是与他们当前的工作状况相匹配，如果他们感觉自己的技能、知识和经验没有得到充分的利用，或者他们认为自己在现有的工作岗位上已经处于成长的瓶颈期，那么他们很可能会开始寻找新的工作机会。

在这种情况下，员工们会将目光投向那些能够提供更广阔职业发展路径和晋升机遇的公司。他们希望能够加入一个能够认可他们的才能，并且提供相应的职位以促进他们个人和专业成长的组织。这样的公司通常会有明确的职业晋升通道，会为员工提供系统的培训和发展计划，给予更多的责任和挑战。这样的环境能充分激发员工的潜力，帮助他们实现职业生涯的飞跃。

因此，对于那些寻求更好发展机会的员工来说，他们可能会不断寻找和评估其他企业的职位空缺，特别是那些在他们感兴趣的领域内享有盛誉的企业。他们可能会通过网络平台、参加行业会议或利用职业咨询服务等途径，来深入了解不同企业的企业文化、发展前景以及晋升政策，以此来决定是否有必要跳槽。

● 个人生活原因

例如，员工可能因为需要搬家到一个新的城市或地区，以便与家人团聚或寻求更好的生活质量，而不得不离开现有的工作岗位。结婚和生子等人生重要事件也可能导致员工重新评估自己的职业路径，以寻求更好的工作与家庭生活的平衡。在这些情况下，即使员工对当前的工作感到满意，个人生活的需求也可能促使他们做出离职的决定。

除了个人生活的原因，工作场所的内部环境也同样对员工的去留意愿有比较大的影响。特别是，当员工感觉自己的辛勤工作和贡献没有得到相应的认可与赏识时，他们可能会产生挫败感和不满。这种情绪可能会降低员工工作的积极性，甚至会让他们怀疑自己在公司的职业发展前景。如果这种状况持续存在，员工可能会开始寻找那些能够更加重视和激励他们的工作环境。

如何避免培养好的人才跳槽

● 建立激励型薪酬体系

合理薪酬是留住核心员工的关键性因素之一。薪酬从作用上来划分，大致可分为两部分。一部分是对员工劳动价值的回报，主要表现为保障员工及其家属的基本物质生活，主要起保障作用；另一部分则是对员工起激励作用的奖励。所谓激励型薪酬体系，指的是在薪酬体系设计中导入激励因子，使建立起的薪酬体系既能使员工得到合理的回报，又能对员工发挥激励作用的一种薪酬制度。

企业的薪酬若过高，固然可以暂时留住核心员工，但会导致企业的成本增加，盈利空间缩减；若过低，则无法对员工的劳动消耗给予正当补偿，会影响核心员工的劳动积极性和工作情绪，最终导致核心员工流向薪酬更高的企业。建立激励型薪酬体系的目的，正是通过薪酬体系中的激励因子来激发核心员工的工作热情，从而留住核心员工。

在建立激励型薪酬体系时，需要注意两个问题：

一是保障部分的设计。保障部分主要是为了确保员工及其家属的基本物质需求得到满足，因此这部分薪酬不能明显低于竞争对手同类人员的基本工资水平，否则，虽然能保障员工的基本需求，但同样难以留住核心员工。

二是激励部分的设计。激励部分的薪酬设计必须做到有章可循，并且具有实质性的激励导向作用，以确保能有效地激发员工的积极性。

● 完善企业的绩效管理制度

绩效管理是企业运营中不可或缺的一环，它主要解决的是如何明确企业目标以及如何实现这些目标的问题。绩效管理系统将企业的愿景、目标和战略分解到组织和个体层面，并借助绩效计划、绩效辅导、绩效评估和绩效激励这四个关键环节，来协助员工提升他们的工作表现，从而确保企业经营战略和计划得以有效实施。

在绩效管理的核心环节中，绩效计划是起点，它涉及为员工设定明确的工作目标和期望；绩效辅导是指导员工如何更好地完成这些目标，并提供必要的支持和资源；绩效评估是对员工工作成果的数量和质量进行全面分析，以便对员工的工作表现作出客观、准确的评价；绩效激励是根据评估结果给予员工相应的奖励或反馈，以激发他们的积极性和创造力。

对于核心员工而言，他们追求的不仅仅是物质上的回报，更重要的是工作满意感和自我价值的实现。因此，建立一个完善的绩效管理制度显得尤为重要。这样的制度能对核心员工的工作业绩进行准确、公正的评价，使他们能够客观地认识自己的工作表现。同时，企业也能及时了解到核心员工在工作绩效上可能存在的问题，并提供必要的帮助和指导，以改善他们的工作表现，提升工作满意度。

在完善绩效管理的过程中，沟通的作用不容忽视。沟通是贯穿绩效管理全流程的关键要素。如果缺乏及时有效的沟通，那么企业的绩效管理将难以顺利实施，员工的工作绩效也难以得到及时的改进，进而影响员工的工作满意度。美国学者罗伯特·巴克沃曾指出，绩效管理是一个持续的交流过程，该过程是由员工和其直接主管之间达成的协议来保证完成，并在协议中对未来的工作目标和理解达成明确的共识。在这个过程中，所有可能受益的组织、管理者和员工都应被融入到绩效管理系统中来，共同推动企业的发展。

◎ 帮助员工做好职业生涯规划

职业生涯规划是一个涉及员工与上级之间深度沟通的管理过程。在这个过程中，员工需要与其上级就个人能力的优劣势、生活问题以及近几年的职业发展意愿进行深入交流。通过这种沟通，员工和上级可以共同规划出未来几年的职业发展路径。

职业生涯规划对于员工来说，就像是一盏指引个体发展的明灯。它为员工未来几年的职业生涯发展指明了目标和方向。通过制定职业生涯规划，员工可以明确自己在未来几年内的职业发展目标，从而更有针对性地投入工作和学习。这不仅能够有效地激励员工，培养他们的职业技能和素养，还能帮助企业吸引和留住优秀人才，实现员工的可持续发展和企业的长期繁荣。

对于那些被企业视为核心员工的人来说，帮助他们做好职业生涯规划尤为重要。因为，这不仅可以帮助核心员工明确自身的职业发展方向，还能在职业目标的激励下，不断努力工作，保持工作的积极性。这样，他们就能更好地为企业创造价值，同时也能实现自身的职业发展目标。

在帮助核心员工制定职业生涯发展规划时，企业应当坚持以下几项基本原则：

第一，员工本人才是职业规划的主体，而企业只是员工职业生涯规划的辅助者，在其中只起到辅助作用而无主导或控制。

第二，职业生涯规划不能空谈，要务实。尽管职业生涯规划是对未来的预测和规划，且其实施过程中具有一定的不可预测性。但员工在制定职业生涯规划时，仍需对企业和自身情况进行全面、深入的衡量、评估和预测，并基于这些分析制定切实可行的职业生涯规划。

在员工群体中导人和谐的竞争机制

竞争环境能够激励人们挖掘自身潜力，追求卓越。这种竞争应当是和谐的，否则它可能会导致不必要的紧张和冲突，会阻碍个人和集体的发展。

所谓的和谐竞争机制，是在员工之间建立的一种以共同的目标和利益为纽带的竞争模式。这种机制强调的是有序竞争，即在团队合作和交流中自然形成的健康竞争态势。在这种机制下，员工们不仅能够感受到竞争的压力，还能够在和谐的氛围中相互学习、相互激励，从而推动个人不断突破自我，实现个人价值的最大化。

特别是在企业中，核心员工群体通常掌握着关键知识和技能，他们在企业的发展中扮演着举足轻重的角色，并在多个方面领先于其他员工。尽管他们的专业技能和在企业中的地位使他们感受到相对较小的直接竞争压力，但这并不意味着他们不需要激励和挑战。相反，对于核心员工来说，和谐的竞争机制同样重要。

将和谐的竞争机制引入核心员工群体，可以增进他们之间的交流和合作，使他们在追求共同目标的过程中相互激励、相互提高。这种竞争不仅仅是为了个人的提升，更是为了整个团队和企业的整体进步。在和谐的竞争环境中，核心员工能够感受到工作的挑战性，从而激发他们的创造力和创新能力，进而使企业保持持续的竞争力，不断向前发展。

◐ 对员工开展有针对性的培训

通过针对核心员工的系统培训，企业不仅能显著提升其核心竞争力，还能推动企业战略目标的顺利实现。这种培训机制有助于将员工个人的职业发展目标与企业的整体战略愿景相结合，实现双方目标的一致性，从而为员工提供成长和进步的广阔空间，同时也增强了员工对企业的忠诚度和归属感。

在实施培训时，企业需要避免形式主义的做法，确保培训内容具备实质性和针对性，与企业发展的核心需求紧密相连。培训的有效性应基于是否真正提升了企业的核心竞争力，是否有助于企业长远战略目标的实现，以及是否能够满足核心员工个人职业发展的实际需求。这样的培训才能真正发挥其应有的作用，为企业注入可持续的发展动力。

◐ 构建和睦的组织文化

企业文化是指一个企业的行为规范和共同的价值观念，它是企业在长期的生产经营过程中逐步形成的，带有本企业特征的经营哲学。这种经营哲学以价值观念和思维方式为核心，包含了企业全体成员认可和遵守的价值观、行为规范以及与之相配套的制度体系。

在一个和睦的组织文化氛围中，员工能够深切感受到归属感和依附感，这对于他们的成功与成长具有很重要的作用。当员工觉得自己是团队中不可或缺的一员，他们会更加积极地投入工作，主动参与并贡献自己的才能。这种强烈的归属感和依附感不仅能够显著提高员工的工作效率，还能够大大增强他们的工作满意度。

此外，良好的企业文化也有助于增强员工的稳定性。在一个积极向上、互相支持的工作环境中，员工不会轻易跳槽。他们愿意为企业的发展做出贡献，并且相信企业会为他们提供机会和发展空间。这种稳定性对于企业来说非常重要，因为频繁的员工流动会导致知识和经验的流失，还可能对企业的长期发展和稳定造成不利影响。

为了建立和维护良好的企业文化，企业需要注重以下几个方面：

第一，要明确企业的价值观和行为规范，并将其传达给每位员工。这可以通过定期培训、有效沟通和领导层示范来实现。

第二，要营造一个积极的工作氛围，鼓励员工之间的合作和互助。可以通过组织各种团队合作项目、举办员工活动和设立奖励机制来实现。

第三，要关注员工的个人发展和成长，为他们提供培训和发展机会，激发他们的潜力和创造力。